PILEQUES

A marca FSC® é a garantia de que a madeira utilizada na fabricação do papel deste livro provém de florestas que foram gerenciadas de maneira ambientalmente correta, socialmente justa e economicamente viável, além de outras fontes de origem controlada.

F. SCOTT FITZGERALD
PILEQUES
DRINQUES E OUTRAS BEBEDEIRAS

INTRODUÇÃO
LEANDRO SARMATZ

TRADUÇÃO
DONALDSON M. GARSCHAGEN

MÁ COMPANHIA

Copyright da introdução © 2013 by Leandro Sarmatz

Grafia atualizada segundo o Acordo Ortográfico da Língua Portuguesa de 1990, que entrou em vigor no Brasil em 2009.

Título original
On Booze

Capa
Retina 78

Preparação
Silvana Afram

Revisão
Marina Nogueira
Jane Pessoa

Dados Internacionais de Catalogação na Publicação (CIP)
(Câmara Brasileira do Livro, SP, Brasil)

Fitzgerald, F. Scott, 1896-1940.
Pileques : drinques e outras bebedeiras / F. Scott Fitzgerald ; introdução Leandro Sarmatz ; tradução Donaldson M. Garschagen — 1ª ed. — São Paulo : Companhia das Letras, 2013.

Título original: On Booze.
ISBN 978-85-359-2317-9

1. Ficção norte-americana I. Sarmatz, Leandro. II. Título.

13-07870   CDD-813

Índice para catálogo sistemático:
1. Ficção : Literatura norte-americana 813

[2013]
Todos os direitos desta edição reservados à
EDITORA SCHWARCZ S.A.
Rua Bandeira Paulista, 702, cj. 32
04532-002 — São Paulo — SP
Telefone: (11) 3707-3500
Fax: (11) 3707-3501
www.companhiadasletras.com.br
www.blogdacompanhia.com.br

Sumário

Introdução: O grande pileque sem fim, 7

Seleções dos cadernos de notas, 13

O colapso nervoso, 23

"Acompanhe o sr. e a sra. F. ao quarto número…", 47

Dormindo e acordando, 69

Minha cidade perdida, 79

Seleções das cartas, 95

Introdução
O grande pileque sem fim
por Leandro Sarmatz

Depois bebi durante muitos anos, e aí morri.

F. Scott Fitzgerald

Foi Lionel Trilling, o grande crítico liberal americano (não confundir com liberalismo econômico), que talvez tenha matado a enorme charada que foi a personalidade de Francis Scott Fitzgerald (1896-1940). Num ensaio da década de 1950 que teve algo de decisivo para a restauração do ibope do autor de *O grande Gatsby*, Trilling o compara ao Sansão de John Milton pela consciência de ter empregado mal o poder com que foi dotado. (Aliás, os títulos dos livros de Fitzgerald abundam em ressonâncias miltonianas: *Este lado do paraíso*, *Suave é a noite* etc.)

Talento, gênio dissipado, autodestruição. Não foi o próprio Fitzgerald que escreveu a celebérrima frase "não há segundo ato nas vidas americanas", espécie de divisa metafísica para toda uma geração? Pois ele mergulharia como poucos nessa espiral cujo fim, sabemos, foi precoce e não isento de amargura e outros dissabores com a vida. Hollywood, para onde rumara já bastante combalido pelo álcool, fechava-lhe as portas. Empacava na escrita de seu romance *O último magnata*, que só viria a ser publicado postumamente. Com a saúde (física, mental) abalada, é certo dizer que não haveria um segundo ato para F. Scott Fitzgerald.

Bebia à beça, claro, e parecia ter gosto em se exibir absolutamente empapuçado; celebrava o pileque (uma amostra eloquente é este livro) e a dissolução mental produzida pela libação contínua, mas houve gente capaz de relativizar tal comportamento. No trecho correspondente aos anos 1920 de seus diários,* o crítico Edmund Wilson — amigo, admirador, editor póstumo de *O colapso nervoso* e "consciência intelectual", como a ele se refere o próprio Fitzgerald neste volume —, nota que, pelo menos durante certo tempo, havia algo de faroleiro na maneira com que o escritor bancava o pau-d'água nos salões literários. Recorda o que lhe dissera John dos Passos acerca dos anos parisienses do escritor: Fitzgerald não estava sempre tão bêbado quanto parecia estar, era mais um fingimento: o fato de estar sempre associado à bebedeira funcionava como um brevê para se permitir fazer palhaçadas e exibir um comportamento social mais livre. Dos Passos, claro, faz a observação em tom de reproche.

Essa combinação única de gênio literário e talento para se dissipar não era mesmo encarada com serenidade. Hemingway desce o cacete em Fitzgerald no seu livro — metade evocação de uma época, metade fofoca maldosa — *Paris é uma festa*. Estão todos lá: Gertrude Stein, Ezra Pound e a patota de americanos expatriados. Um pedaço considerável do livro, porém, é gasto em espezinhar o autor de *Suave é a noite*. Não é coisa à toa. O velho Ernest o tinha como seu maior rival. Fitzgerald era uma ameaça real, concreta e encharcada de álcool.

Neste livrinho simpático e algo demoníaco — reunido e editado originalmente para a série Pearls, da editora New Directions, a qual agradecemos pela gentil cessão do material para publicação no Brasil —, copos são virados em Nova York, Paris e Londres; a *éti-*

---

* Edmund Wilson, *Os anos 20*. Trad. de Paulo Henriques Britto. São Paulo: Companhia das Letras, 1987.

quette do bom bebedor manda, entre outras coisas, *jamais* oferecer champanhe de segunda para uma orquestra; os hotéis europeus são uma sucessão de gafes estéticas (mas sempre bem fornidos de garrafas); a colite é a doença do ano (no caso, 1925); as cartas são escritas à base de muitos drinques; Nova York, a "cidade perdida", é um cenário para acomodar bares clandestinos sem fim (batizados de *speakeasies*: atravesse uma porta, desça uma escada, vire à direita e reze para não ter batida policial). E há, claro, *O colapso nervoso*, um dos autoexames mais devastadores produzidos pela literatura em qualquer tempo. Paulo Francis um dia o comparou às *Confissões* de Rousseau, e talvez não seja mesmo exagero. Aparece, recuperado por inteiro pelo próprio autor, o homem Francis Scott Fitzgerald, sem dó nem piedade.

O interesse humano genuíno que permeia os personagens de seus romances é transposto para essa crônica do abismo pessoal com impressionante lucidez. Está ali a mesma prosa amorosa que irradia calor — na mesma temperatura que ajudaria um bocado a fritar seus miolos em anos autodestrutivos e aparentemente estéreis. A noite mais escura de Fitzgerald chegou-lhe por volta dos quarenta anos e teve efeitos demolidores sobre sua autoconfiança, praticamente minando o centro da sua criatividade literária, alimentada durante anos com doses maciças de otimismo à americana. Nestas páginas, o álcool é aliado e inimigo, apazigua o espírito e faz explodirem forças magmáticas como a raiva, o ressentimento e a autopiedade. Não é uma leitura amena. Há, claro, a beleza exata do texto fitzgeraldiano, sua fluência e o tom caloroso e franco habituais. Mas o que dizer de mergulhos pessoais como este:

> Bastará dizer que, depois de mais ou menos uma hora de papo com o travesseiro, comecei a me dar conta de que durante dois anos eu tinha vivido sacando recursos que não possuía, que eu vinha me hipotecando, física e espiritualmente, ao máximo possível. O que era

o pequeno dom da vida, que me fora devolvido, em comparação com isso, quando antes houvera orgulho pela direção seguida e confiança numa independência duradoura?

Ou então:

Percebi que o romance, que em minha maturidade era o meio mais forte e mais ágil para transmitir reflexões e emoções de um ser humano para outro, estava se subordinando a uma arte mecânica e coletivista que, nas mãos dos mercadores de Hollywood ou nas dos idealistas russos, só era capaz de refletir o pensamento mais trivial, a emoção mais óbvia. Era uma arte em que as palavras estavam subordinadas a imagens, em que a personalidade era desgastada até a inevitável marcha lenta da colaboração. Já em 1930 tive a premonição de que o cinema sonoro tornaria até o romancista mais bem-sucedido tão arcaico quanto o cinema mudo.

Fosse hoje, o autor receberia medicação adequada, sendo-lhe diagnosticada uma bruta depressão. E talvez, dopado de ansiolíticos, tivesse sido incapaz de escrever essas linhas, tão agudas e certeiras sobre si mesmo e a arte do romance (embora tenha derrapado na sua profecia sobre o cinema). Por sorte a farmacopeia americana não estava tão avançada por esse tempo. Sorte do leitor, claro.

O colapso nervoso, como texto autônomo — o livro seria editado por Edmund Wilson depois da morte do autor, acrescido de cartas e outros textos —, saiu originalmente na edição de fevereiro de 1936 da revista *Esquire*. A ele se seguiriam mais dois, na mesma publicação: *Colando os pedaços* (março) e *Manuseie com cuidado* (abril). Quase na mesma época, só que na Europa, outro gênio do texto luminoso (obcecado pelo crepúsculo do Império Austro-Húngaro), Joseph Roth, apenas dois anos mais velho que Fitzgerald, embarcara no mesmo trem em direção à ruína etílica. Seu testamento é uma dessas joias em miniatura da melhor imaginação narrativa: *A lenda do santo beberrão*, a poética (e frequentemente tragicômica) jornada de um *clochard* parisiense e alcoólatra para devolver o dinheiro que lhe fora emprestado em circunstâncias quase fantásticas.

Álcool e literatura, pois, têm uma longa história — e este *Pileques* é mais um capítulo da relação, muitas vezes tumultuada, entre os escritores e a busca pela satisfação etílica. Nada mais humano. "Embriagai-vos", dizia Baudelaire. Outro autor bom de copo que escreveu largamente sobre o assunto, além de ter morrido em decorrência do abuso durante décadas do tal *assunto*, o britânico Kingsley Amis observa em *Everyday Drinking* (espécie de compêndio sobre bebida, regimes etílicos e receitas de drinques) que o que nos distingue dos outros animais é o fato de conversarmos, acharmos graça e bebermos. De fato. Embora, cá entre nós, a ordem talvez seja ligeiramente diferente para muitas pessoas, que se tornam um bocadinho mais próximas das outras quando bebem — e só então se mostram falantes, divertidas e inclusivas. Humanas, em suma. Como são estes textos de F. Scott Fitzgerald.

SELEÇÕES DOS CADERNOS DE NOTAS

"**Moça em tudo respeitável,** mas naquele dia só andou bebendo. Por mais tempo que viva, sempre vai saber que matou alguém."

"Dona de um rosto provocante e toda a elegância do mundo. Isso porque fui educada em Paris, o que por sua vez devo ao comentário casual que alguém fez à prima Arletta de que ela tinha uma filhona bonita que na época estava com vinte e dois ou vinte e três anos. Foram necessários três sedativos para acalmar prima Arletta, e no dia seguinte parti para o Convento de Sacré-Coeur."

"Não temos mais gim", ele disse. E acrescentou, esperançoso: "Você aceita um sedativo?".

"Sim, senhora, se necessário. Veja bem, uma garota vai a um bar aonde não devia ter ido. E aí seu acompanhante bebe um pouco demais e acaba dormindo e chega um cara e diz: 'Oi, coisa linda', ou seja lá o que for que esses panacas dizem por aqui. O que ela faz? Não pode gritar, porque hoje em dia nenhuma dama de verdade grita. Não, ela só leva a mão ao bolso, enfia os dedos num soco-inglês da Powell, modelo debutante, desfere o que eu chamo de gancho *refinado* e pimba! — o grandalhão vai acabar no porão."

Você pode encomendar em quatro tamanhos: *demi* (meio litro), *distingué* (um litro), *formidable* (três litros) e *catastrophe* (cinco litros).

O mundo borrado visto de um carrossel entrou nos eixos; o carrossel de repente parou.

Só havia as faculdades e os *country clubs*. Os parques eram desanimados, sem cerveja, e a maioria sem música. Terminavam na casa dos macacos ou em uma falsa vista francesa. Eram para crianças. Para adultos não havia nada.

Baile de debutantes: a primeira vez em que uma mocinha é vista bêbada em público.

Quando ele compra suas gravatas, tem de perguntar se o gim irá desbotá-las.

Max Eastman — como todas as pessoas que gingam ao andar, ele parecia ter algum segredo.

O menino defendendo a inocência da mãe no Lausanne Palace Bar. A mãe dele na cama com o filho do cônsul.

Coquetéis antes das refeições como os americanos, vinhos e conhaques como os franceses, cerveja como os alemães, uísque com soda como os ingleses e, como não estavam mais nos anos 20, essa mistura absurda, que era como um coquetel gigantesco num pesadelo.

Sir Francis Elliot, o rei George, a água de cevada e o champanhe.

Quando ele fica sóbrio durante seis meses e não suporta nenhuma das pessoas de quem gostava quando bêbado.

Mandar champanhe de segunda para a orquestra — nunca, *nunca* faça isso de novo.

Lonsdale: "Você não quer beber tanto porque vai fazer um monte de besteiras e agir com sensibilidade, e isso não é nada bom para homens de negócios".

Endereços em seu bolso: principalmente contrabandistas de bebida e psiquiatras.

Ele raramente exalava álcool, porque agora estava com tuberculose e tinha certa dificuldade para respirar.

Talvez um bêbado com grandes arroubos de sentimentalismo ou ressentimento ou tristeza chorosa.

O bêbado no Majestic e seu pique de cem metros.

Ele voltou ao banheiro e tomou um trago de álcool isopropílico, que com certeza produziria distúrbios gástricos violentos.

Duas garrafas marrons de vinho do Porto apareceram adiante, ganharam rótulos brancos, transformaram-se em freiras engomadas e nos cauterizaram com olhos santos quando passamos.

Quando ele urinava, soava como uma oração noturna.

Bêbado aos vinte, devastado aos trinta, morto aos quarenta.
Bêbado aos vinte e um, humano aos trinta e um, suave aos quarenta
e um, morto aos cinquenta e um.

Depois bebi durante muitos anos, e aí morri.

TRISTE CATÁSTROFE

Não queremos visitas, dissemos:
    Elas vêm e não mexem o traseiro;
Vêm quando já nos recolhemos
    E ficam presas por um aguaceiro;
Elas vêm quando tristes e amoladas
    E bebem da garrafa de nosso coração.
Quando se esvazia, as hordas, alegradas,
    Cantando o *Rubayat* embora se vão.

Resisti. Estava trabalhando, expliquei;
    O criado morreu, eu estava sem gim.
Apareci barbado ou nem as caras eu dei
    E houve várias outras histórias assim.
Chatos e amigos, tratei com descaso igual,
    Olhar distante, impaciência e desdém.
Já os que tinham bom senso por capital
    Viram: queríamos a casa sem ninguém.

Porém, os tolos, os enjoados e o charlatão,
    O tagarela, a alma solitária, o rico de araque,
Que não ousavam nos incomodar até então,
    Vendo-nos sozinhos, armaram o ataque.

Tomando por atenção o silêncio; e a fúria, até,
   Por eco de suas próprias batalhas campais,
Exultaram por não termos o "nariz em pé".
   Mas os agradáveis não voltaram, nunca mais.

RESTOS DE PERU E COMO ENTERRÁ-LOS COM NUMEROSAS RECEITAS POUCO CONHECIDAS

Nestes dias, depois da temporada de festas, as geladeiras do país estão atulhadas de enormes quantidades de peru, e vê-las certamente provoca tonturas num adulto. Por isso, o momento parece conveniente para transmitir aos proprietários o benefício da minha experiência como velho gourmet na utilização desse material excedente. Algumas das receitas têm sido usadas pela família há gerações. (Em geral, isso ocorre quando tem início o *rigor mortis*.) Foram compiladas no decorrer de vários anos em antigos livros de culinária, diários amarelecidos de imigrantes puritanos, catálogos de encomendas por correio, tacos de golfe e latas de lixo. Nenhuma delas deixou de ser experimentada e provada — fato que é atestado por lápides em toda a América.

Muito bem, então. Lá vão elas:

1. *Coquetel de peru*: Adicione a um peru grande um galão de vermute e um garrafão de Angostura. Agite.

[...]

12. *Peru com molho de uísque*: Receita para quatro pessoas. Consiga um galão de uísque e deixe envelhecer por várias horas. Sirva, destinando a cada convidado um quarto de galão. No dia se-

guinte, o peru deve ser acrescentado, pouco a pouco, sempre mexendo e servindo.

"Não falemos dessas coisas agora. Em vez disso, vou lhes contar uma coisa engraçada." O olhar dela não foi de expectativa ansiosa, porém ele continuou: "Só de olhar em torno, podemos observar o maior batalhão dos Rapazes que já vi reunido num lugar só. Este hotel parece ser uma câmara de compensação para eles...". Ele retribuiu o aceno de cabeça de um moço da Geórgia, pálido e trêmulo, sentado a uma mesa do outro lado do salão. "Aquele rapaz parece meio aposentado da vida. Acho que o diabinho que eu vim procurar não vai aparecer. Você iria gostar dele... Se ele vier, eu o apresento."

Enquanto ele falava, o movimento no bar aumentou. A fadiga de Nicole aceitou as palavras irrefletidas de Dick e misturou-se então com o fantástico Alcorão que daí a pouco apareceu. Ela via os homens reunidos no bar: os varapaus desajeitados; os baixinhos espevitados, de ombros redondos e estreitos; os mais corpulentos, com rostos de Nero e Oscar Wilde, ou de senadores — rostos que de repente se dissolviam numa fatuidade feminina ou se contorciam em olhares de soslaio; os nervosos, que se seguravam e se retorciam, arregalando muito os olhos e rindo histericamente; os bonitos, homens passivos e tolos que exibiam o perfil de um lado e de outro; os espinhentos sem graça, de gestos melífluos; ou os novatos, de lábios muito vermelhos e corpos frágeis e ondulantes, que emitiam em tons estridentes e instáveis sua palavra predileta, "pérfido", acima do volume excitado das conversas; os superconstrangidos, que fitavam com polidez ansiosa a fonte de qualquer ruído; entre eles havia tipos ingleses com intenso controle racial, tipos balcânicos, um pequeno siamês que arrulhava. "Acho que vou me deitar", disse Nicole.

"Acho que também vou."
... Adeus, seus infelizes. Adeus, Hotel dos Três Mundos.

TÍTULOS

Diário de uma vida sem objetivo
Casarões campestres vermelhos e amarelos, chamados Fleur du Bois, Mon Nid *ou* Sans Souci.
Gastou todas as suas boas-vindas.
"Seu docinho."
Jack, um cara bobão.
Círculos escuros.
O chapéu novo-rico.
Palestras para um bêbado.
A demissão de Jasbo Merribo. Esboço.
Mulheres altas.
Pássaros na mata.
Viagens de uma nação.
Você não gosta?
Todos os cinco sentidos.
O casaco de Napoleão.
Música de taberna, Trens entre o porto e a cidade.
Datado.
Boa, legal!
A cama no salão de baile.
Livro de teatro de revista intitulado Esses que são melhores que eu.
Título de um romance ruim: O condenado de Deus.
Por um triz.
Voltado para imagens.
O amor de uma vida inteira.

Gwen Barclay no século XX.
Resultado: felicidade.
O assassinato de minha tia.
A polícia no funeral.
A eternidade federal.

O COLAPSO NERVOSO

O colapso nervoso
Fevereiro de 1936

É claro que a vida é sempre um processo de ruptura, mas os golpes que fazem a parte dramática do trabalho — os golpes fortes e súbitos que vêm ou parecem provir do exterior —, aqueles de que nos recordamos, nos quais pomos a culpa por isso ou aquilo, e a respeito dos quais, em momentos de fraqueza, falamos aos amigos, não mostram de imediato todo o seu efeito. Existe outro tipo de golpe que vem de dentro — que não sentimos até ser tarde demais para fazer alguma coisa, até entendermos, de maneira categórica, que em algum sentido nunca mais seremos os mesmos. O primeiro tipo de ruptura nos parece ocorrer de repente. O segundo acontece quase sem que a gente note, mas sua percepção vem de um momento para o outro.

Antes de dar prosseguimento a esta historieta, peço licença para fazer uma observação geral: o teste de uma inteligência de alto nível está na capacidade da mente de manter, ao mesmo tempo, duas ideias opostas e, ainda assim, continuar a funcionar. Deveríamos, por exemplo, ser capazes de entender que as coisas não têm remédio, mas ainda assim nos determinarmos a consertá-las. Essa filosofia era apropriada ao começo de minha vida adulta, quando vi o improvável, o implausível e, com frequência, o "impossível" acontecer. A vida era algo que dominávamos se tivéssemos alguma aptidão. A vida submetia-se facilmente à inteligência e ao esforço ou a qualquer proporção das duas coisas que pudesse ser mobilizada. Parecia romântico ser um literato bem-sucedido: nunca seríamos famosos como um astro do cinema, mas o renome que conseguíssemos seria, provavelmente, mais duradouro. Nunca teríamos o poder de um homem de fortes convicções políticas ou religiosas, mas com certeza éramos mais independentes. É claro que, na prática do ofício, estaríamos sempre insatisfeitos. Entretanto, falando por mim, eu não teria escolhido nenhum outro.

À medida que decorria a década de 20, com meus próprios vinte anos avançando um pouco à frente, minhas duas frustrações juvenis — não ter estatura (ou habilidade) para jogar futebol americano na faculdade e não ter cruzado o Atlântico durante a guerra — desvaneceram-se em devaneios pueris de heroísmo imaginário capazes de me fazer adormecer em noites insones. Os grandes problemas da vida pareciam se resolver por si mesmos, e, se solucioná-los era difícil, a tarefa deixava a pessoa cansada demais para pensar em problemas mais gerais.

Há dez anos a vida era, sobretudo, uma questão pessoal. Eu precisava equilibrar o senso da inutilidade do esforço e o senso da necessidade de lutar; a convicção da inevitabilidade do fracasso e, ainda assim, a determinação de "vencer" — e, mais do que isso, a contradição entre a mão morta do passado e as admiráveis intenções para o futuro. Se eu conseguisse fazer isso apesar dos males comuns da vida — domésticos, profissionais e pessoais —, o ego seguiria como uma flecha atirada do nada para o nada e com tal força que só a gravidade a traria por fim de volta à terra.

Durante dezessete anos, com um ano de vadiação e descanso deliberado no meio deles, as coisas se mantiveram assim, sendo cada nova tarefa somente uma perspectiva agradável para o dia seguinte. Eu estava também vivendo intensamente, mas "Até os quarenta e nove não haverá problema", dizia. "Posso contar com isso. Para um homem que viveu como eu, isso é tudo o que se pode pedir."

... E aí, dez anos antes dos quarenta e nove, percebi de repente que tinha sofrido um colapso nervoso prematuro.

II

Ora, um homem pode se quebrar de várias formas: pode se ferrar na cabeça (e nesse caso outras pessoas tiram-lhe o poder de decisão!); no corpo, caso em que ele não pode evitar o mundo branco do hospital; ou nos nervos. Num livro nada sensível, William Seabrook conta, com certo orgulho e um final cinematográfico, como passou a viver à custa do governo. O que o levou ao alcoolismo, ou estava relacionado ao álcool, foi um colapso nervoso. Embora o autor destas linhas não estivesse enrolado como ele — pois na época não tomei mais que um copo de cerveja durante seis meses —, eram os meus reflexos nervosos que estavam indo por água abaixo: raiva demais, lágrimas demais.

Além disso, para voltar à minha tese de que a vida tem ofensivas variadas, a percepção de ter sofrido um colapso nervoso não ocorreu junto com um golpe, e sim com um alívio momentâneo.

Não muito tempo antes, eu estivera no consultório de um médico famoso e ouvi uma grave sentença. Com o que, em retrospecto, parece certa serenidade, eu fui cuidar de minha vida na cidade onde vivia na época, sem me importar muito, sem pensar em tudo que não fora feito ou no que aconteceria com esta ou aquela responsabilidade, como as pessoas fazem nos livros. Eu tinha um bom seguro e, devo reconhecer, cuidara apenas de maneira medíocre da maioria das coisas que me diziam respeito, até mesmo meu talento.

Entretanto, um instinto forte e súbito me disse que eu devia ficar sozinho. Não queria ver ninguém. Tinha visto tantas pessoas durante toda a vida — era um homem medianamente sociável, mas com uma tendência mais do que mediana para identificar a mim mesmo, minhas ideias e meu destino, com pessoas de todas as classes com que entrava em contato. Eu estava sempre salvando ou sendo salvo — numa única manhã, passava por todas as emoções que podemos atribuir a Wellington em Waterloo. Eu vivia num mundo de inimigos inescrutáveis e de amigos e apoiadores inalienáveis.

Agora, porém, eu queria estar absolutamente sozinho e, por isso, procurei certo distanciamento dos problemas habituais.

Não foi um período infeliz. Afastei-me e passou a haver menos gente. Percebi que estava cansado, mas não doente. Podia não fazer nada e gostava disso, às vezes dormindo ou cochilando vinte horas por dia, e nos intervalos tentava, resolutamente, não pensar. Em vez de pensar, fazia listas, centenas delas, e as rasgava em seguida: listas de líderes de cavalaria, de jogadores de futebol americano, de cidades, de músicas populares, de arremessadores de beisebol, de tempos felizes, de passatempos, de casas em que tinha morado, dos ternos e sapatos comprados desde que saí do Exército (não contei o terno que comprei em Sorrento e que encolheu, nem os sapatos de verniz e a camisa de peito duro e o colarinho que levei comigo de um lado para outro durante anos sem nunca usar, porque os sapatos mofaram e ficaram quebradiços, e a camisa e o colarinho amarelaram e a goma estragou). Fazia também listas de mulheres de que tinha gostado e das ocasiões em que permiti ser afrontado por pessoas que não eram melhores do que eu em caráter ou capacidade.

E aí, de repente e surpreendentemente, melhorei.

E rachei como um prato velho assim que soube da notícia.

Esse é o fim real dessa história. O que viria a ser feito terá de ficar naquilo que era chamado de "ventre do tempo". Bastará dizer que, depois de mais ou menos uma hora de papo com o travesseiro, comecei a me dar conta de que durante dois anos eu tinha vivido sacando recursos que não possuía, que eu vinha me hipotecando, física e espiritualmente, ao máximo possível. O que era o pequeno dom da vida, que me fora devolvido, em comparação com isso, quando antes houvera orgulho pela direção seguida e confiança numa independência duradoura?

Compreendi que naqueles dois anos, a fim de preservar alguma coisa — uma paz interior, talvez, mas talvez não fosse isso —, eu me negara todas as coisas que antes adorava; o próprio ato de viver, desde a escovação dos dentes de manhã até o jantar com um amigo, se tornara um esforço. Percebi que durante muito tempo eu deixara de gostar das pessoas e das coisas, e apenas cumpria a velha e frouxa simulação de gostar delas. Percebi que até meu amor pelas pessoas mais próximas se tornara apenas uma tentativa de amar, que minhas relações casuais — com um editor, o dono da tabacaria, o filho de um amigo — eram apenas aquilo que eu lembrava, de outros tempos, que *devia* fazer. Em um mesmo mês passaram a me irritar coisas como o som do rádio, os anúncios nas lojas de departamentos, o guincho dos trilhos, o silêncio morto do campo — desprezava a bondade humana, implicava de imediato (ainda que em segredo) com a maldade — odiando a noite em que não conseguia dormir e odiando o dia porque ele caminhava para a noite. Eu me deitava agora sobre o lado do coração, por saber que quanto mais cedo eu o cansasse, mesmo que só um pouco, mais cedo chegaria a bendita hora de pesadelo, que, como uma catarse, me possibilitaria receber melhor o novo dia.

Havia certos lugares e certos rostos que eu suportava ver. Como a maior parte dos oriundos do Meio-Oeste, nunca tivera senão os mais vagos preconceitos raciais — sempre sentira uma atração secreta pelas lindas louras escandinavas que eu via sentadas nas varandas de St. Paul, mas que ainda não tinham ascendido o suficiente na escala econômica para fazer parte do que era então a sociedade. Eram demasiado belas para serem "garotas" e tinham deixado cedo demais as fazendas para conquistar um lugar ao sol, mas eu me lembro de rodear quarteirões inteiros para ver de relance uma única cabeleira brilhante — o choque fulgurante de uma moça que eu nunca viria a conhecer. Isto é conversa urbana, malvista. Ela se afasta do fato de que naquele tempo eu não suportava ver celtas, ingleses, políticos, estrangeiros, virginianos, negros (claros ou escuros), arrivistas, caixeiros de lojas e intermediários em geral, todos os escritores (eu evitava com muito cuidado os escritores, porque podem perpetuar problemas como ninguém) — e todas as classes enquanto classes, e a maioria delas por causa de seus membros...

Tentando me apegar a alguma coisa, eu gostava de médicos, além de meninas de até mais ou menos treze anos e de meninos bem-educados a partir de uns oito anos. Era capaz de sentir paz e felicidade com essas poucas categorias de pessoas. Esqueci de dizer que eu gostava de velhos — homens com mais de setenta anos, às vezes com mais de sessenta se seus rostos parecessem marcados pelo tempo. Eu gostava do rosto de Katharine Hepburn na tela, não me importando com o que se dizia de sua presunção; do rosto de Miriam Hopkins e de velhos amigos se só os visse uma vez por ano e pudesse recordar seus fantasmas.

Tudo meio desumano e desnutrido, não? Bem, crianças, esse é o verdadeiro sinal do colapso nervoso.

Não é um quadro bonito. Inevitavelmente, era levado de um lado para o outro em sua moldura e exposto a vários críticos. Entre eles havia uma mulher que só pode ser descrita como uma pessoa cuja vida faz com que a vida das outras pessoas pareça a morte — mesmo nessa ocasião, em que ela representou o papel em geral desinteressante do consolador de Jó. Embora esta história já esteja acabada, permitam-me transcrever nossa conversa como uma espécie de pós-escrito.

"Em vez de ter tanta pena de você mesmo, ouça", disse ela. (Ela sempre diz "ouça", porque ela pensa enquanto fala — pensa *mesmo*.) Por isso, disse: "Ouça. Imagine que não foi você que teve um colapso... Imagine que foi o Grand Canyon".

"Fui eu", respondi, heroico.

"Ouça! O mundo só existe através dos seus olhos... Da concepção que você faz dele. Você pode torná-lo grande ou pequeno, do tamanho que quiser. E você está tentando ser uma pessoinha insignificante. Deus do céu, se um dia eu tiver um colapso, vou tentar fazer o mundo ir junto comigo. Ouça! O mundo só existe através de como você o vê, e por isso é muito melhor dizer que não foi você que sofreu o colapso... foi o Grand Canyon."

"Meu bem, já pôs para fora todo o seu Spinoza?"

"Não sei nada de Spinoza. O que eu sei..." Ela falou, então, de velhas agonias de si mesma, que quando contadas pareciam ter sido mais dolorosas do que as minhas, e de como as havia enfrentado, superado, derrotado.

Tive certa reação ao que ela contava, mas sou um homem que pensa devagar, e ocorreu-me, ao mesmo tempo, que, de todas as forças naturais, a vitalidade é a única que não pode ser comunicada. No tempo em que a seiva chegava a nós como um artigo isento de taxas alfandegárias, a gente tentava distribuí-la — mas sempre sem êxito. Para empregar outra metáfora, a vitalidade nunca "pega". Ou a temos ou não a temos, como saúde, olhos castanhos, honra ou voz de barítono. Eu poderia ter pedido um pouco da vitalidade dela, num pacotinho, pronta para ser cozida e digerida em casa, mas eu nunca poderia ganhá-la — nem que esperasse mil horas, estendendo a latinha da autopiedade. Eu poderia sair da casa dela, protegendo-me com muito cuidado, como uma peça de louça quebrada, e partir para o mundo da amargura, onde eu construía um lar com os materiais que encontrava, e citar para mim mesmo, depois de deixar sua casa:

"Vós sois o sal da terra. Ora, se o sal se tornar insosso, com que o salgaremos?"

Mateus 5,13

Colando os pedaços
Março de 1936

Num artigo anterior, este autor escreveu a respeito de sua constatação de que o prato que tinha diante de si não era aquele que pedira para seus quarenta anos. Na verdade, já que ele e o prato eram a mesma coisa, ele se descreveu como um prato quebrado, do tipo que a gente fica pensando se vale a pena conservar. Meu editor achou que o artigo apontava para um grande número de aspectos, sem examiná-los de perto, e é provável que muitos leitores tenham achado a mesma coisa — e sempre havia aqueles para quem toda atitude confessional é desprezível, a menos que termine com um nobre agradecimento aos deuses pela Alma Inexpugnável.

Contudo, eu vinha agradecendo aos deuses havia tempo demais, e agradecendo por nada. Queria pôr um lamento em minha narrativa, mesmo sem o fundo dos montes Eugâneos para lhe dar cor. Não havia nenhum monte Eugâneo que eu pudesse ver.

Às vezes, porém, o prato quebrado tem de ser preservado na copa, tem de ser mantido em serviço como um bem doméstico essencial. Nunca mais ele poderá ser esquentado no forno ou misturado aos outros pratos na bacia de lavar louça; não será levado à mesa com convidados, mas servirá para carregar biscoitos tarde da noite ou para ir à geladeira com sobras de comida...

Daí essa continuação, a história posterior do prato rachado.

Ora, o tratamento convencional para uma pessoa que entrou em colapso consiste em pensar sobre pessoas em estado de indigência real ou que sofrem fisicamente — esse é o conselho padrão para melancolia em geral, e é um conselho bastante salutar para o dia a dia de qualquer pessoa. Entretanto, às três horas da madrugada, um pacote esquecido tem a mesma importância trágica de uma sentença de morte, e o tratamento não funciona — e numa noite realmente escura da alma é sempre três horas da madrugada, dia após dia. A essa hora tendemos a nos recusar a encarar as coisas até onde for possível, refugiando-nos num sonho infantil, mas vários contatos com o mundo continuamente nos tiram, sobressaltados, desse sonho. Reagimos a essas ocasiões com o máximo possível de rapidez e despreocupação, e retornamos ao sonho com a esperança de que as coisas se consertem sozinhas, graças a um sensacional golpe de sorte, material ou espiritual. No entanto, à medida que persiste o refúgio, há cada vez menos chance de sobrevir esse golpe de sorte — não estamos à espera da dissolução gradativa de uma infelicidade isolada, mas somos a testemunha involuntária de uma execução, da desintegração de nossa própria personalidade...

A menos que entre em cena a loucura, as drogas ou o álcool, mais cedo ou mais tarde essa fase termina num beco sem saída, sendo sucedida por uma calmaria inane. Nela podemos tentar estimar o quanto nos foi tirado e o quanto restou. Só quando me sobreveio essa calmaria foi que percebi que passara por duas experiências paralelas.

A primeira vez ocorreu há vinte anos, quando deixei Princeton no terceiro ano com um problema que foi diagnosticado como malária. Doze anos depois, soube-se, por meio de uma radiografia feita então, que tinha sido tuberculose — um caso brando, e depois de alguns meses de repouso voltei para a faculdade. No entanto, eu perdera alguns cargos, sendo o principal deles a presidência do Triangle Club — uma proposta de trupe de comédia musical —, e tive de repetir o ano. Para mim, a faculdade nunca mais seria a mesma. Depois disso, não haveria troféus de excelência, medalhas, nada. Numa manhã de março, tive a sensação de ter perdido tudo o que tinha desejado — e naquela noite, pela primeira vez, persegui o espectro da feminilidade, que durante certo tempo faz com que tudo o mais pareça desimportante.

Anos mais tarde, compreendi que meu fracasso como figurão da faculdade fora até bom — em vez de participar de comitês, passei a me interessar pela poesia inglesa. Quando vim a entender do que se tratava, dediquei-me a aprender a escrever. De acordo com o princípio de Shaw, de que "se você não tem aquilo de que gosta, é melhor gostar do que tem", aquilo foi um golpe de sorte — mas no momento foi duro e amargo saber que minha carreira como líder tinha chegado ao fim.

Desde aquele dia, não fui capaz de despedir um empregado preguiçoso, e fico pasmo e impressionado com as pessoas capazes de fazê-lo. Algum velho desejo de domínio sobre as pessoas se rompeu e sumiu. A vida ao meu redor era um sono solene, e eu vivia das cartas que escrevia a uma garota de outra cidade. Um homem não se recupera desses solavancos — torna-se uma pessoa diferente, e, por fim, a nova pessoa encontra coisas novas com que se preocupar.

O outro episódio paralelo à minha situação atual aconteceu depois da guerra, quando mais uma vez expus demais meu flanco. Foi um daqueles amores trágicos fadados ao fracasso pela falta de dinheiro, e um dia a garota acabou com ele na base do bom senso. Durante um longo verão de desespero, escrevi um romance em vez de cartas, de modo que no fim as coisas deram certo, mas deram certo para uma pessoa diferente. O homem que, com dinheiro tilintando no bolso, casou-se com ela um ano depois haveria de sempre alimentar uma suspeita pertinaz, uma animosidade, em relação à classe ociosa — não a convicção de um revolucionário, mas o ódio fumegante de um camponês. Desde então nunca fui capaz de parar de me perguntar de onde vinha o dinheiro de meus amigos, nem deixar de pensar que houve um tempo em que algum *droit du seigneur* poderia ter me obrigado a entregar minha garota a um deles.

Durante dezesseis anos vivi muito como essa última pessoa, desconfiando dos ricos, mas, no entanto, trabalhando pelo dinheiro com o qual poderia imitar a mobilidade e o refinamento com que alguns deles levavam a vida. Durante essa época tive muitos cavalos habituais abatidos a tiro. Lembro-me dos nomes de alguns: *Orgulho Ferido, Expressão Frustrada, Descrença, Ostentação, Golpe Duro, Nunca Mais.* E passado algum tempo eu já não tinha vinte e cinco anos, e, depois, nem mesmo trinta e cinco, e nada era tão bom. Em todos esses anos, porém, não me lembro de um só momento de desânimo. Vi homens honestos em estados de espírito de tristeza suicida — alguns desistiram e morreram; outros se ajustaram e tiveram mais sucesso do que eu; mas meu moral nunca caiu abaixo do nível de sentir repulsão por mim mesmo, o que acontecia quando eu dava um feio espetáculo pessoal. O desgosto não está ligado, necessariamente, ao desânimo. O desânimo tem um germe próprio, e é tão diferente do desgosto como a artrite é diferente de uma junta dura.

Quando um céu diferente toldou o sol na primavera passada, de início não o relacionei ao que tinha acontecido havia quinze ou vinte anos. Só aos poucos percebi certa semelhança familiar — uma exposição exagerada do flanco, um desperdício constante de energia; uma utilização de recursos físicos que eu não tinha, como um homem que saca a descoberto em sua conta bancária. Esse golpe teve um impacto mais violento que os outros dois, mas era da mesma espécie — uma sensação de que eu estava, ao crepúsculo, num lugar perigoso e deserto, com uma espingarda vazia na mão e os alvos abatidos. Nenhum problema definido — apenas um silêncio quebrado só pelo som de minha própria respiração.

Havia nesse silêncio uma vasta irresponsabilidade em relação a todas as obrigações, um esvaziamento de todos os meus valores. Uma crença apaixonada na ordem, um menosprezo dos motivos e das consequências em favor de palpites e profecias, uma sensação de que a habilidade e a dedicação teriam seu lugar em qualquer mundo — uma a uma, essas e outras convicções foram eliminadas. Percebi que o romance, que em minha maturidade era o meio mais forte e mais ágil para transmitir reflexões e emoções de um ser humano para outro, estava se subordinando a uma arte mecânica e coletivista que, nas mãos dos mercadores de Hollywood ou nas dos idealistas russos, só era capaz de refletir o pensamento mais trivial, a emoção mais óbvia. Era uma arte em que as palavras estavam subordinadas a imagens, em que a personalidade era desgastada até a inevitável marcha lenta da colaboração. Já em 1930 tive a premonição de que o cinema sonoro tornaria até o romancista mais bem-sucedido tão arcaico quanto o cinema mudo. As pessoas ainda liam, nem que fosse apenas o livro do mês do professor Canby* — crianças curiosas fuçavam o lodo do sr. Tiffany Thayer nas bibliotecas adjuntas a farmácias —, mas havia uma exasperante indignidade, que para mim se tornara quase uma obsessão, em ver o poder da palavra escrita subordinado a outro poder, este mais coruscante, mais grosseiro...

Falo disso como um exemplo do que me perseguia durante a longa noite — isso era algo que eu não conseguia nem aceitar nem combater, algo que tendia a tornar meus esforços obsoletos, tal como as cadeias de grandes empresas acabaram com os pequenos lojistas, uma força exterior, invencível...

---

* Henry Seidel Canby (1878-1961) foi professor da Universidade Yale, editor da Literary Review do *New York Evening Post* (1920-4), fundador e editor da *Saturday Review of Literature* (1924-36) e fundador do Book of the Month Club (1926). (N. T.)

(Tenho agora a sensação de estar dando uma aula, olhando para um relógio sobre a mesa diante de mim e vendo quantos minutos...)

Bem, ao chegar a esse período de silêncio, fui obrigado a tomar uma medida que ninguém adota voluntariamente: fui impelido a pensar. Deus, como era difícil! Movimentar grandes baús secretos. Na primeira parada para descanso, exausto, fiquei a me perguntar se algum dia eu já tinha pensado. Passado muito tempo, cheguei às seguintes conclusões, exatamente como as transcrevo aqui:

1) Que eu tinha pensado muito pouco, a não ser sobre os problemas de minha profissão. Durante vinte anos, um homem fora minha consciência intelectual. Esse homem era Edmund Wilson.

2) Que outro homem representava a ideia que eu fazia da "boa vida", embora eu não o visse havia uma década, e desde então ele podia até ter sido enforcado. Ele trabalha com peles no noroeste do país e não gostaria de ver seu nome aqui. No entanto, em situações difíceis, eu tentava imaginar o que *ele* teria pensado, em como *ele* teria agido.

3) Que um terceiro contemporâneo tinha sido uma consciência artística para mim — eu não havia imitado seu estilo contagiante, pois meu próprio estilo, seja ele o que for, formou-se antes que ele publicasse seu primeiro texto, mas não havia como negar uma terrível inclinação para seu modo de escrever quando eu estava em dificuldades.

4) Que um quarto homem tinha passado a ditar minhas relações com outras pessoas quando essas relações eram bem-sucedidas: como fazer alguma coisa, o que dizer. Como fazer as pessoas se sentirem felizes ao menos por um instante (em oposição às teorias da sra. Post* sobre como fazer todas as pessoas se sentirem radicalmente desconfortáveis com uma espécie de vulgaridade sistemati-

---

* Emily Post (1872-1960), autora de *Etiquette in Society, in Business, in Politics, and at Home* (1922), ainda hoje editado, com revisões e atualizações. (N. T.)

zada). Isso sempre me confundia e me dava vontade de sair e me embebedar, mas esse homem tinha visto o jogo, o analisara e o vencera, e sua palavra me bastava.

5) Que minha consciência política praticamente não existira durante dez anos, a não ser como elemento de ironia no que eu escrevia. Quando voltei a me interessar pelo sistema no qual eu deveria atuar, ele me foi trazido por um homem muito mais jovem que eu, com uma mistura de paixão e frescor.

Ou seja, já não havia um "eu" — uma base sobre a qual eu pudesse organizar minha autoestima —, a não ser minha ilimitada capacidade de trabalho que, pelo visto, eu não tinha mais. Era estranho não ter um eu, ser como um menininho largado numa casa grande, que sabia que agora podia fazer tudo quanto desejasse, mas descobrisse que não havia coisa alguma que quisesse fazer...

(O relógio já passou da hora e eu mal cheguei à minha tese. Tenho algumas dúvidas se isso é de interesse geral, mas se alguém quer mais, ainda há muita coisa a dizer e o editor da revista me avisará. Se você já leu o suficiente, diga-o — mas não alto demais, porque tenho a sensação de que alguém, não sei ao certo quem, está num sono pesado — alguém que poderia ter me ajudado a manter minha loja aberta. Não foi Lênin. Nem Deus.)

Manuseie com cuidado
Abril de 1936

Contei nestas páginas como um rapaz de excepcional otimismo experimentou um colapso de todos os valores, um colapso de que só veio a tomar conhecimento muito tempo depois de sua ocorrência. Falei do posterior período de desolação e da necessidade de seguir em frente, mas sem a ajuda da conhecida frase grandiloquente de Henley: "minha cabeça sangra, mas não se curva".* Isto porque um exame de meu passivo espiritual mostrou que eu não tinha cabeça alguma que pudesse curvar ou manter ereta. Antes eu tivera um coração, mas essa era praticamente minha única certeza.

Esse era, ao menos, um ponto de partida para eu sair do atoleiro em que me debatia. "Sentia, logo existia." Numa época ou outra, muitas pessoas tinham se apoiado em mim, me procurado devido a dificuldades ou me escrito de longe, acreditando implicitamente em meu conselho e em minha atitude diante da vida. Já que o mais obtuso apreciador de banalidades ou o mais inescrupu-

---

* Verso do poema "Invictus", do inglês William Ernest Henley (1849-1903). (N. T.)

loso Rasputin, capaz de influenciar o destino de grande número de pessoas, deve ter certa individualidade, a questão reduzia-se a descobrir por que e onde eu tinha mudado, onde estava o vazamento pelo qual, sem que eu soubesse, meu entusiasmo e minha vitalidade haviam se escoado contínua e prematuramente.

Numa noite atormentada e desesperadora, arrumei uma maleta e viajei mil e quinhentos quilômetros para pensar no assunto. Aluguei um quarto barato numa cidadezinha sem graça, onde eu não conhecia ninguém, e gastei todo o dinheiro que levava comigo num estoque de carne enlatada, biscoitos e maçãs. Entretanto, não pretendo dar a entender que a mudança de um mundo meio atulhado demais de coisas para um relativo ascetismo fosse alguma Pesquisa Magnífica.* Eu só queria sossego absoluto para descobrir por que eu havia desenvolvido uma atitude triste em relação à tristeza, uma atitude melancólica em relação à melancolia e uma atitude trágica em relação à tragédia — *por que eu tinha me identificado com os objetos de meu horror ou de minha compaixão.*

Isso parece uma distinção sutil? Não é. Uma identificação como essa representa a morte da realização. Uma coisa assim impede que pessoas saudáveis trabalhem. Lênin não suportou de bom grado os sofrimentos de seu proletariado, nem Washington os de seus soldados, nem Dickens os dos pobres de Londres. E quando Tolstói tentou uma fusão desse tipo com os objetos de sua atenção, tudo o que conseguiu foi uma farsa e um fracasso. Cito esses homens porque são conhecidos de todos nós.

Era uma névoa perigosa. Quando Wordsworth decidiu que "o encanto da terra foi embora", não sentiu nenhuma compulsão de ir embora junto com ele, e Keats, o Partícula Faiscante,** nunca deixou

---

* Referência ao romance *The Research Magnificent* (1915), de H. G. Wells. (N. T.)
** Referência a versos de Byron na 60ª estrofe do canto XI de *Don Juan*. Aludindo ao boato de que a morte de Keats teria sido causada por uma acerba crítica na

de lutar contra a tuberculose, nem renunciou, em seus últimos momentos, à esperança de estar entre os poetas ingleses.

Minha autoimolação foi uma coisa encharcada de escuridão. Muito claramente, não era moderna — no entanto, já a vi em outras pessoas, vi-a em uma dúzia de homens honrados e laboriosos desde a guerra. (Ouvi o que você disse, mas isso é fácil demais — havia marxistas entre esses homens.) Eu tinha acompanhado o caso de um famoso contemporâneo meu que brincou com a ideia de suicídio durante meio ano; observei outro, igualmente eminente, que passou meses num hospício, incapaz de suportar qualquer contato com o próximo. E se fosse o caso de listar aqueles que desistiram e passaram desta para a melhor, eu poderia relacionar umas duas dezenas.

Isso me levou a concluir que os sobreviventes tinham executado alguma espécie de fuga limpa. Essa é uma expressão altissonante e não tem nenhum paralelo com uma fuga da prisão, quando a pessoa acaba indo para outra prisão ou é obrigada a voltar para a antiga. A famosa "evasão" ou "fugir disso tudo" é uma excursão rumo a uma armadilha, mesmo que essa armadilha inclua os mares do sul, que são apenas para quem quer pintá-los ou singrá-los. Uma fuga limpa é uma coisa da qual não se volta. Voltar é impossível porque essa fuga faz com que o passado deixe de existir. Portanto, como eu não podia mais cumprir as obrigações que a vida criara para mim ou que eu estipulara para mim mesmo, por que não dar cabo da concha vazia que estivera se passando por mim durante quatro anos? Eu teria de continuar a ser escritor, porque esse era meu único meio de vida, mas poria de lado quaisquer tentativas de ser uma pessoa — ser amável, justo ou generoso. Eram muitas as moedas falsas que circulavam e que fariam as vezes dessas qualida-

---

Quarterly Review, Byron escreveu: "'Tis strange the mind, that very fiery particle,/ Should let itself be snuffed out by an Article" [Surpreende a mente, que essa partícula faiscante,/ Se deixasse ser apagada por um artigo]. (N. T.)

des, e eu sabia onde consegui-las por uma pechincha. Ao longo de trinta e nove anos, meu olho observador aprendeu a detectar onde o leite é batizado com água, onde se põe areia no açúcar, onde o diamante é falso e o estuque passa por pedra. Não haveria mais doação de mim mesmo — daí em diante, toda doação deveria ser proibida e ganhar um novo nome, e esse nome era Desperdício.

A decisão deixou-me meio exuberante, como tudo o que é, ao mesmo tempo, verdadeiro e novo. Como uma espécie de começo, havia um monte de cartas a serem jogadas na cesta de lixo quando eu voltasse para casa, cartas em que me pediam alguma coisa em troca de nada — ler os originais de um homem, encaminhar o poema de outro a uma editora, falar de graça no rádio, escrever um prefácio, dar uma entrevista, ajudar no enredo de uma peça, ajudar numa situação doméstica, fazer uma ação solidária ou de caridade.

A cartola do mágico estava vazia. Tirar coisas de dentro dela havia sido durante muito tempo uma espécie de prestidigitação, e agora, variando a metáfora, eu estava pulando fora, para sempre, da função de assistente social.

A sensação de euforia e indignidade continuou.

Eu me sentia como os homens de olhos maliciosos que viajavam no trem que eu pegava todo dia em Great Neck quinze anos antes, homens que não se importavam que no dia seguinte o mundo afundasse no caos, desde que suas casas fossem poupadas. Eu me sentia como um deles agora, como um daqueles que pronunciavam frases educadas:

"Sinto muito, mas negócios são negócios." Ou:

"Você devia ter pensado nisso antes de arranjar essa encrenca." Ou:

"Não sou a pessoa mais indicada para cuidar disso."

E um sorriso. Ah, eu arranjaria um sorriso para mim. Ainda estou trabalhando nesse sorriso. Ele deve combinar os melhores atributos de um gerente de hotel, de um assistente social experiente, de um diretor de escola em dia de visita, de um ascensorista negro, de uma bichinha se mostrando, de um produtor regateando o preço das coisas e pagando a metade de seu valor de mercado, de uma enfermeira treinada começando no novo emprego, de uma modelo em sua primeira rotogravura, de um figurante esperançoso que se vê perto da câmera, de uma bailarina clássica com um dedo do pé infeccionado e, claro, o grande sorriso de gentileza carinhosa comum a todos aqueles que, de Washington a Beverly Hills, têm de viver em função do plano panorâmico.

A voz também... Estou trabalhando a voz com um professor. Quando ela se tornar perfeita, a laringe não mostrará nenhum indício de convicção, a não ser a convicção de meu interlocutor. Como ela será usada principalmente para evocar um "sim", meu professor (um advogado) e eu estamos nos concentrando nessa palavra, mas em horas extras. Estou aprendendo a incutir nela aquela rispidez polida que faz com que as pessoas sintam que, longe de serem bem-vindas, não são sequer toleradas e estão sendo submetidas, a todo o momento, a uma análise contínua e impiedosa. Essas ocasiões naturalmente não coincidirão com o sorriso, que estará reservado exclusivamente para aqueles que não tenham nenhuma serventia para mim, como velhos decrépitos ou jovens batalhadores. Eles não ligarão — que diabos, eles já são tratados assim quase sempre.

Mas basta. Não é uma questão de leviandade. Se você for jovem e me escrever, pedindo para se encontrar comigo a fim de aprender a ser um literato soturno que escreve ensaios a respeito do estado de exaustão emocional que com frequência acomete escritores no auge de seu vigor — se você for jovem e néscio o bastante para fazer isso, eu nem sequer acusarei o recebimento de sua carta, a não ser que você seja parente de alguém muito rico e importante. E se você estivesse morrendo de fome diante de minha porta, eu sairia de imediato e lhe dirigiria o sorriso e a voz (mas não lhe daria mais a mão) e ficaria por ali até alguém arranjar uma moeda para telefonar e chamar uma ambulância, isto é, se eu achasse que ganharia alguma coisa com isso.

Agora eu me tornei, afinal, apenas um escritor. O homem que, com persistência, procurei ser tornou-se um fardo tão pesado que soltei os cachorros em cima dele com o mesmo remorso que uma negra solta os cachorros em cima de uma rival numa noite de sábado. Que as pessoas bondosas sejam boas — que os médicos sobrecarregados se matem de trabalhar, com "férias" anuais de uma semana que dedicam a resolver seus problemas familiares, e que os médicos que quase nada fazem corram atrás de casos a um dólar cada, que os soldados sejam mortos e entrem imediatamente no Valhala de sua profissão. Esse é o contrato deles com os deuses. Um escritor não precisa ter nenhum desses ideais, a não ser que os crie para si mesmo, e este aqui deu o fora. O velho sonho de ser um homem por inteiro, na tradição de Goethe, Byron e Shaw, com um opulento toque americano, uma espécie de combinação de J. P. Morgan, Topham Beauclerk e são Francisco de Assis, foi relegado à lixeira onde vão parar as ombreiras usadas por um dia pelos calouros no campo de futebol americano de Princeton e o quepe da Força Expedicionária Americana que nunca chegou a ser usado.

E daí? Eis o que penso hoje: o estado natural de um adulto senciente é uma infelicidade com reservas. Creio também que, num adulto, o desejo de ser melhor do que se é, de fazer "um esforço constante" (como dizem as pessoas que ganham a vida usando essa expressão), só aumenta essa infelicidade no final — o final a que chegam nossa juventude e nossa esperança. Minha própria felicidade, no passado, com frequência aproximava-se de tal êxtase que eu não conseguia dividi-la nem com a pessoa que mais amava, mas tinha de dissipá-la caminhando por ruas e vielas sossegadas até me restarem apenas fragmentos dela, que eu destilava em breves linhas nos livros — e acho que minha felicidade, meu talento para me iludir ou o que quer que fosse, era uma exceção. Não era o natural, e sim o inatural — tão inatural como o boom. E minha experiência recente equipara-se à onda de desespero que varreu a nação quando o boom acabou.

Darei um jeito de viver com a nova dispensa, embora eu tenha levado meses para ter certeza disso. E da mesma forma que o estoicismo sorridente, que possibilitou ao negro americano suportar as condições intoleráveis de sua existência, custou-lhe o senso da verdade, também em meu caso há um preço a ser pago. Deixei de gostar do carteiro, do merceeiro, do editor, do marido de minha prima, e eles, por sua vez, não vão gostar de mim, de modo que a vida nunca mais será muito agradável, e o letreiro *Cave canem** está afixado para sempre em minha porta. No entanto, vou tentar ser um animal correto, e se você me atirar um osso com um pouco de carne, talvez eu até lamba sua mão.

---

* Em latim, "Cuidado com o cão". (N. T.)

"ACOMPANHE O SR. E A SRA. F. AO QUARTO NÚMERO..."

MAIO-JUNHO DE 1934

Estamos casados. Papagaios proféticos protestam contra o balanço dos primeiros cabelos curtos no luxo das paredes apaineladas do Biltmore. O hotel está tentando parecer mais antigo.

Os corredores rosa-desbotados do Commodore terminam em metrôs e metrópoles subterrâneas — um homem nos vendeu um Marmon quebrado e um bando bárbaro de amigos passou meia hora girando na porta giratória.

Lilases se abriam ao amanhecer perto da pensão em Westport, onde passamos a noite toda em claro para terminar um conto. No orvalho cinzento da manhã, discutimos sobre moral e fizemos as pazes por causa de um maiô vermelho.

O Manhattan nos recebeu tarde da noite, apesar de nossa aparência muito jovem e alegre. Ingratos, enchemos a mala vazia de colheres, mais um catálogo telefônico e uma grande alfineteira quadrada.

O quarto do Traymore era cinzento, com uma poltrona grande o bastante para uma cortesã. O barulho do mar nos manteve acordados.

Ventiladores elétricos dissipavam o perfume de pêssegos e biscoitos assados, além do cheiro de cinzas dos caixeiros-viajantes, pelos corredores do New Willard, em Washington.

Mas o Hotel Richmond tinha escadaria de mármore, salões que havia muito não se abriam e estátuas de deuses em mármore, perdidas em algum ponto de seus nichos cheios de ecos.

No O. Henry, em Greensville, acharam que em 1920 um homem e sua mulher não deveriam usar as mesmas bermudas brancas, e nós achamos que a água da banheira não deveria sair lamacenta.

No dia seguinte, os lamentos de verão dos fonógrafos faziam ondular as saias das garotas sulistas no Athens. Eram tantos os cheiros nas farmácias, tanto organdi, tanta gente indo para algum lugar... Fomos embora ao amanhecer.

1921

Eram respeitosos no Cecil, em Londres; disciplinados pelos longos e majestosos pores do sol sobre o rio; e éramos jovens, mas ainda assim ficamos impressionados com os hindus e os cortejos reais.

No St. James & Albany, em Paris, empestamos o quarto com uma pele de cabra armênia sem curtir e pusemos o "sorvete" duro na janela, e havia cartões-postais sujos, mas estávamos grávidos.

No Royal Danieli, em Veneza, havia uma máquina caça-níqueis e uma oleosidade de séculos no peitoril da janela; e oficiais gentis de um contratorpedeiro americano. Nós nos divertimos numa gôndola, sentindo-nos como uma terna canção italiana.

Cortinas de bambu, um asmático reclamando da pelúcia verde e um piano de ébano estavam todos igualmente mumificados nos salões formais do Hôtel d'Italie, em Florença.

Mas havia pulgas na filigrana dourada do Grand Hôtel em Roma; homens da Embaixada britânica se coçavam atrás das palmeiras; os funcionários disseram que era tempo de pulgas.

O Claridge de Londres serviu morangos num prato dourado, mas o quarto era interno e ficava o dia todo cinzento; o garçom não se importava que fôssemos embora, e ele era nosso único contato.

No outono, fomos ao Commodore, em St. Paul, e enquanto o vento soprava as folhas pela rua nós esperávamos o nascimento de nossa filha.

1922-1923

O Plaza era um hotel memorável, agradável e quieto, com um maître tão simpático que nunca se importou em emprestar cinco dólares ou tomar emprestado um Rolls-Royce. Não viajamos muito naqueles anos.

1924

O Deux Mondes em Paris acabava num profundo pátio azul diante de nossa janela. Demos banho em nossa filha no bidê por engano, ela bebeu gim fizz achando que era limonada e estragou a mesa do almoço no dia seguinte.

Comia-se carne de cabrito no Grimm's Park Hotel em Hyères, e a buganvília era tão delicada quanto sua cor na poeira quente e branca. Muitos soldados vagavam pelos jardins e bordéis, ouvindo música nas vitrolas automáticas. À noite, recendendo a madressilva e couro do Exército, subiam a encosta cambaleando e se instalavam no jardim da sra. Edith Wharton.

No Ruhl, em Nice, concluímos que era melhor ficar num quarto que não desse para o mar, que todos os homens escuros eram príncipes e que não poderíamos pagar pelo hotel nem mesmo fora da alta temporada. Durante o jantar no terraço, as estrelas caíam em nossos pratos e tentamos nos identificar com o lugar reconhecendo rostos vistos no barco. Mas não passava ninguém, e ficamos sozinhos com a grandiosidade azul-escura, o filé de linguado à Ruhl e a segunda garrafa de champanhe.

O Hôtel de Paris, em Monte Carlo, parecia um palácio de história de detetive. Os funcionários nos traziam coisas: ingressos e autorizações, mapas e novas identidades pomposas. Esperamos um bom tempo ao sol enquanto eles nos equipavam com tudo de que precisávamos para entrar no cassino arrumados adequadamente. Por fim, assumindo o controle da situação, mandamos de forma autoritária o mensageiro nos conseguir uma escova de dentes.

Glicínias pendiam no pátio do Hôtel d'Europe em Avignon, e a aurora retumbava em carroças de feira. Uma senhora sozinha, com roupa de lã, tomava martínis no bar soturno. Encontramos amigos na Taverne Riche e ouvimos os sinos do fim de tarde reverberando nas muralhas da cidade. O Palácio dos Papas se erguia quimericamente no entardecer dourado sobre o Rhône, largo e sereno, enquanto não fazíamos nada, com assiduidade, debaixo dos plátanos na margem oposta.

A exemplo de Henrique IV, um patriota francês dava vinho tinto a seus bebês no Continental de St. Raphaël, e como não havia tapetes, por ser verão, o eco dos protestos das crianças soava agradável em meio ao entrechocar de pratos e porcelanas. Nessa altura, conseguíamos identificar algumas palavras de francês e nos sentíamos parte do país.

O Hôtel du Cap, em Antibes, estava quase deserto. O calor do dia se prolongava nos blocos azuis e brancos da varanda, na qual aquecíamos nossas costas bronzeadas em grandes espreguiçadeiras de lona que nossos amigos haviam espalhado por ali, enquanto inventávamos novos coquetéis.

O Miramare, em Gênova, adornava a curva escura da praia com guirlandas de luzes, e a forma das colinas era resgatada da escuridão pelo clarão vindo das janelas dos hotéis mais altos. Pensamos nos homens que desfilavam entre os arcos alegres como Carusos desconhecidos, mas todos eles nos garantiam que Gênova era uma cidade de negócios e muito parecida com os Estados Unidos e Milão.

Chegamos a Pisa no escuro e não conseguimos encontrar a torre inclinada até passarmos por ela por acaso, ao deixar o Royal Victoria já na saída. Ela se elevava absoluta e por si mesma. O Arno estava barrento e nem de longe tão insistente quanto nas palavras cruzadas.

A mãe de Marion Crawford morreu no Hotel Quirinal, em Roma. Todas as camareiras se lembram disso e contam aos visitantes que depois forraram o quarto com jornais. As salas de estar são hermeticamente fechadas, e palmeiras obstruem o caminho que leva até as janelas abertas. Ingleses de meia-idade cochilam no ar viciado e mordiscam amendoins salgados e rançosos com o famoso café do hotel, que jorra de um instrumento semelhante a um realejo e é servido cheio de resíduos, como as bolas de vidro que, sacudidas, provocam tempestades de neve.

No Hôtel des Princes, em Roma, onde passamos a queijo Bel Paese e vinho Corvo, fizemos amizade com uma agradável solteirona que pretendia ficar hospedada ali até terminar uma história dos Bórgia em três volumes. Os lençóis eram úmidos, e as noites trespassadas pelo ronco das pessoas do quarto ao lado, mas não ligávamos porque podíamos voltar para casa descendo as escadarias até a via Sistina, e havia junquilhos e pedintes pelo caminho. Na época, éramos arrogantes demais para recorrer a guias de turismo e pretendíamos descobrir as ruínas por nós mesmos, o que fizemos depois de esgotar a vida noturna, os mercados e o campo. Gostávamos do Castello Sant'Angelo por causa de sua forma redonda misteriosa, do rio e dos escombros sobre sua base. Foi emocionante nos perder nos séculos ao anoitecer romano e nos orientar pelo Coliseu.

1925

No hotel de Sorrento vimos a tarantela, mas era original e já tínhamos visto tantas adaptações mais criativas...

Um sol vindo do sul induzia o pátio do Quisisana à letargia. Aves estranhas manifestavam sua sonolência sob os ciprestes pujantes, enquanto Compton Mackenzie nos explicava por que morava em Capri: todo inglês precisa ter sua ilha.

O Tiberio era um hotel branco e elevado, com a base adornada pelos telhados redondos de Capri, em forma de taça para recolher a chuva que nunca cai. Subimos até ele por becos tortuosos e escuros, que abrigavam os açougues e as padarias de Rembrandt na ilha; depois descemos outra vez para a histeria pagã da Páscoa de Capri, a ressurreição do espírito do povo.

Quando voltamos a Marselha, indo de novo para o norte, as ruas de frente para o mar estavam iluminadas pelo brilho do porto, e pedestres alegres discutiam equívocos de horários em pequenos cafés de esquina. Estávamos felizes pra burro com aquela animação.

Em Lyon, o hotel exibia um ar obsoleto. Nunca tinham ouvido falar em batatas lionesas, e ficamos tão sem vontade de passear que deixamos o pequeno Renault ali e tomamos o trem para Paris.

O Hôtel Florida tinha quartos em diagonal; o dourado da haste da cortina estava descascado.

Quando retomamos a viagem, em direção ao sul, depois de alguns meses, dormimos num grupo de seis pessoas em Dijon (Hôtel du Dump, diária de dois francos, com água corrente) porque não havia outro lugar. Nossos amigos ficaram um pouco contrafeitos, mas roncaram até de manhã.

Em Salies-de-Béarn, nos Pireneus, fizemos tratamento para colite, a doença do ano, e descansamos num quarto de pinho branco do Hôtel Bellevue, banhado pelo sol fraco que descia dos montes. Havia uma estátua em bronze de Henrique IV na lareira, porque a mãe dele tinha nascido ali. As janelas do cassino, cobertas de tábuas, estavam manchadas de cocô de passarinho — ao longo das ruas enevoadas compramos bengalas com pontas em lança e ficamos um pouco desanimados de tudo. Havia uma peça nossa na Broadway e o cinema tinha oferecido sessenta mil dólares, mas na época nos sentíamos como almas gêmeas e nada disso parecia ter muita importância.

Quando aquilo acabou, uma limusine de aluguel nos levou a Toulouse, dando voltas em torno do bloco cinzento de Carcassonne e pelas vastas planícies da Côte d'Argent. Embora todo decorado, o Hôtel Tivollier estava decadente. Tocamos insistentemente a campainha para chamar o garçom e ter certeza de que havia vida em algum lugar da cripta lúgubre. Ele parecia amuado, e acabamos convencendo-o a trazer tanta cerveja que nossa melancolia aumentou.

No Hôtel O'Connor, senhoras vestidas de renda branca embalavam seu passado, circunspectas, com o movimento acalentador das cadeiras de balanço. Mas serviam crepúsculos azuis nos cafés da Promenade des Anglais ao preço de um cálice de vinho do Porto; dançamos os tangos deles e observamos as garotas que tremiam, com roupas mais adequadas à Côte d'Azur. Fomos ao Perroquet com amigos, um de nós usando um jacinto azul na lapela e o outro com um mau humor que o levou a comprar uma carrada de castanhas assadas e imediatamente espalhar o cheiro de queimado como uma dádiva na noite fria de primavera.

No melancólico agosto daquele ano, fizemos uma viagem a Mentone e pedimos bouillabaisse num pavilhão que parecia um aquário à beira-mar, em frente ao Hôtel Victoria. As colinas eram de um verde-oliva prateado e tinham a verdadeira forma das fronteiras.

Deixando a Riviera depois do terceiro verão, visitamos um amigo escritor no Hôtel Continental, em Cannes. Ele estava orgulhoso de sua independência por ter adotado um vira-lata preto. Tinha uma bela casa e uma bela mulher, e ficamos com inveja de suas acomodações confortáveis, que davam a impressão de que ele tinha se afastado do mundo depois de ter reunido e reservado para si tudo o que queria.

Quando voltamos aos Estados Unidos, fomos ao Roosevelt Hotel, em Washington, para visitar a mãe de um de nós. Os hotéis de papelão, comprados em conjuntos, nos deram a sensação de estar cometendo uma profanação ao morar neles — deixamos os pavimentos de tijolo, os olmos e as qualidades heterogêneas de Washington e rumamos mais para o sul.

1927

É tão demorado chegar à Califórnia, e eram tantas as maçanetas de níquel, as geringonças a evitar, os botões a apertar e coisas assim, um monte de novidades e Fred Harvey, que quando um de nós achou que estava com apendicite fomos para El Paso. Uma ponte tumultuada despeja as pessoas no México, onde os restaurantes são decorados com papel de seda e há perfumes contrabandeados — admiramos os guardas texanos, pois desde a guerra não víamos homens com armas nos quadris.

Chegamos à Califórnia a tempo de pegar um terremoto. Tempo ensolarado de dia e neblina à noite. Rosas brancas dançavam, luminosas, na névoa de uma treliça diante das janelas do Ambassador; um papagaio esperto e exagerado emitia gritos incompreensíveis numa piscina cor de água-marinha — é claro que todos interpretavam aquilo como obscenidades; gerânios ressaltavam a disciplina da flora californiana. Prestamos homenagem à concisão pálida e indiferente da beleza primitiva de Diana Manners e jantamos no Pickfair, maravilhados com o controle dinâmico de Mary Pickford sobre a vida. Uma limusine atenciosa nos levou pelas noites da Califórnia para ficarmos compreensivelmente tocados com a fragilidade de Lillian Gish, demasiado sedenta de vida, agarrando-se a ocultismos como uma trepadeira.

De lá fomos ao DuPont, em Wilmington. Um amigo nos levou para o chá nos recônditos de mogno de uma propriedade quase feudal, onde o sol resplandecia, pedindo desculpas, num jogo de chá de prata, e havia quatro tipos de bolinhos e quatro filhas indiscerníveis em traje de montaria, e uma dona de casa preocupada demais em preservar o charme de outra época para fazer distinção entre as crianças. Alugamos uma mansão enorme e velha à beira do rio Delaware. Os cômodos quadrados e o tamanho das colunas nos trariam uma tranquilidade ajuizada. Havia frondosos castanheiros-da-índia no quintal e um pinheiro branco vergado com a graça de uma aquarela japonesa.

Subimos para Princeton. Havia uma nova pousada colonial, mas o campus oferecia o mesmo gramado exaurido ao desfile dos românticos espectros de Light-Horse Harry Lee e Aaron Burr. Adoramos as formas sóbrias de tijolo antigo do Nassau Hall e o modo como ele ainda parecia um tribunal dos antigos ideais americanos, com as aleias de olmos e a pradaria, as janelas da faculdade abertas para a primavera — abertas, abertas para tudo na vida — por um minuto.

Os negros do Cavalier, em Virginia Beach, usam calções à altura dos joelhos. O hotel é teatralmente sulista, e por ser tão recente é um pouco árido, mas ali está a melhor praia dos Estados Unidos; na época, antes que fossem erguidos os chalés, havia dunas e a lua tropeçava e caía na areia ondulada diante do mar.

Da vez seguinte em que estivemos lá, perdidos e nos deixando levar como os demais, era numa viagem grátis para Québec, ao norte. Talvez pensassem que escreveríamos sobre a cidade. O Château Frontenac tinha sido feito de arcos de pedras de brinquedo, como o castelo de um soldado de lata. Nossas vozes ficavam abafadas pela neve pesada, as estalactites nos telhados transformavam a cidade numa caverna invernal; passamos a maior parte do tempo numa sala, cheia de ecos, entupida de esquis, porque o profissional de lá nos deu uma boa impressão sobre o esporte em que éramos tão ineptos. Mais tarde, ele foi contratado pelos DuPont nas mesmas condições e tornou-se um magnata da pólvora ou algo assim.

Quando decidimos voltar à França, passamos a noite no Pennsylvania, manipulando os novos fones de ouvido e os camareiros, onde um terno podia virar um cubo de gelo ao cair da noite. Ainda estávamos impressionados com a água corrente gelada, com os quartos autossustentáveis que podiam funcionar mesmo sitiados pelos acontecimentos de então. Tínhamos tão pouco contato com o mundo que aquilo nos parecia uma estação de metrô apinhada.

O hotel em Paris tinha forma triangular e dava para Saint-Germain-des-Près. Aos domingos nos sentávamos no Deux Magots observando as pessoas, reverentes como um coro de ópera, entrando pelas velhas portas, ou fitávamos franceses lendo jornais. Houve longas conversas sobre balé, comendo chucrute na Brasserie Lipp, e horas de recuperação debruçados sobre livros e gravuras na úmida Allée Bonaparte.

Agora as viagens tinham começado a ficar menos divertidas. A seguinte, para a Bretanha, foi interrompida em Le Mans. A cidade letárgica estava caindo aos pedaços, pulverizada pelo calor do verão branco e quente, e só caixeiros-viajantes arrastavam suas cadeiras, decididos, pelo piso sem carpete do salão de jantar. O caminho para La Baule era ladeado por plátanos.

No Palace, em La Baule, nos sentimos barulhentos entre tanta contenção chique. Crianças se bronzeavam na praia vazia azul e branca, enquanto a maré baixava tanto que lhes deixava caranguejos e estrelas-do-mar para escavarem na areia.

1929

Fomos para os Estados Unidos, mas não ficamos em hotéis. Quando voltamos à Europa, passamos a primeira noite numa hospedaria ensolarada, a Bertolini, em Gênova. Tínhamos um banheiro de azulejos verdes e um prestativo camareiro, e podíamos praticar balé usando o estrado da cama como barra. Era bom ver as flores brilhantes colidindo em explosões prismáticas sobre os socalcos e nos sentir estrangeiros mais uma vez.

Ao chegar a Nice, por economia, ficamos no Beau Rivage, que oferecia muitos vitrais dando para o fulgor mediterrâneo. Era primavera e fazia um frio quebradiço na Promenade des Anglais, embora as multidões continuassem a se mover, persistentes, no ritmo do verão. Admiramos as janelas pintadas dos palacetes reformados da Place Gambetta. Caminhando ao entardecer, chegavam até nós vozes sedutoras através do crepúsculo nebuloso, convidando-nos a compartilhar as primeiras estrelas, mas estávamos ocupados. Íamos aos balés ordinários do Casino no píer e rodávamos quase até Villefranche atrás de uma salada *niçoise* e uma bouillabaisse especialíssima.

Em Paris, economizamos novamente num hotel, cujo nome esqueci, em que o cimento ainda estava fresco. Acabou nos custando caro, porque comíamos fora todas as noites para evitar os engomados menus fixos. Sylvia Beach nos convidou para jantar, e a conversa toda foi dominada por gente que tinha descoberto Joyce. Visitamos amigos em hotéis melhores: Zoë Akins, que buscara o pitoresco nas fogueiras do Foyot; e Esther, no Port-Royal, que nos levou até o ateliê de Romaine Brooks, um pedaço envidraçado de céu balançando bem no alto sobre Paris.

Para o sul outra vez, desperdiçando a hora do jantar numa discussão sobre o hotel em que ficaríamos: havia um, em Beaune, cuja truta tinha sido apreciada por Ernest Hemingway. Finalmente, decidimos dirigir a noite toda e comemos bem numa antiga estrebaria que dava para um canal — o brilho verde esbranquiçado da Provence já começara a nos fascinar, portanto não importava se a comida era boa ou não. Naquela noite paramos debaixo de árvores de troncos brancos e abrimos o para-brisa para a lua e para o vento do sul que nos batia no rosto, sentindo melhor a fragrância que farfalhava sem descanso entre os álamos.

Em Fréjus Plage tinham construído um novo hotel, com uma estrutura despojada, que dava para a praia onde os marinheiros tomavam banho, e nos sentimos muito privilegiados por termos sido os primeiros turistas a desfrutar daquele lugar no verão.

Depois que acabou a temporada de banhos em Cannes e os polvos do ano já tinham crescido nas fendas das pedras, começamos a voltar para Paris. Na noite do *crash* da bolsa estávamos no Beau Rivage, em St. Raphaël, no mesmo quarto que tinha sido ocupado por Ring Lardner num ano anterior. Saímos assim que foi possível porque já tínhamos estado ali muitas vezes — é mais triste reencontrar o passado e achá-lo inadequado ao presente do que deixar-se iludir por ele e ficar para sempre com uma ideia harmoniosa na lembrança.

No Jules César, em Arles, ficamos num quarto que tinha sido uma capela. Seguindo as águas pútridas de um canal estagnado, chegamos às ruínas de uma residência romana. Havia uma forja instalada atrás das majestosas colunas, e algumas vacas esparsas comiam as flores douradas da relva.

Depois, sempre para cima. O céu crepuscular se estendia sobre o vale de Cévennes, fendendo as montanhas, e uma solidão aterradora entristecia os cumes achatados. Mordíamos castanhas crocantes na estrada e uma fumaça cheirosa evolava-se dos chalés da montanha. A pousada parecia ruim, o piso coberto de serragem, mas nos deram o melhor faisão que já provamos, uma excelente linguiça e magníficos colchões de penas.

Em Vichy, as folhas cobriam a praça até a altura do coreto de madeira. Havia avisos do Departamento de Saúde nas portas do Hôtel du Parc e no cardápio, mas o salão estava cheio de gente bebendo champanhe. Adoramos as árvores imensas de Vichy e o modo como a simpática cidade se aninha num buraco.

Quando chegamos a Tours, nos sentíamos como o cardeal Balue em sua gaiola dentro do pequeno Renault. O Hôtel de l'Univers era igualmente sufocante, mas depois do jantar encontramos um café lotado de gente que jogava damas e cantava em coro, e sentimos que poderíamos seguir para Paris, afinal.

Nosso hotel barato de Paris tinha se transformado numa escola para meninas — fomos para um hotel sem nome na Rue du Bac, onde palmeiras em vasos murchavam no ar viciado. Através das divisórias finas, testemunhávamos a vida privada e as funções fisiológicas de nossos vizinhos. Caminhando à noite, passamos pelas colunas do Odéon e identificamos a estátua gangrenosa detrás da cerca do Palácio do Luxemburgo como sendo de Catarina de Médici.

Era um inverno difícil, e para esquecer tempos ruins fomos a Argel. O Hôtel de l'Oasis era circundado por grades mouriscas, e o bar era um posto avançado de civilização, com pessoas que exageravam a própria excentricidade. Mendigos envoltos em lençóis brancos se escoravam nas paredes, e a ostentação dos uniformes coloniais dava aos cafés um ar desesperado de fanfarronada. Os berberes tinham olhos tristes e confiantes, mas confiavam mesmo era no Destino.

Em Bou Saada, o cheiro de resina era disseminado pelas ruas pelos largos mantos usados no deserto. Observamos a lua cambaleando sobre as dunas com um brilho pálido e acreditamos no guia que nos falava de um padre que conhecia capaz de destruir trens de ferro só com a força de vontade. As Ouled Naïls eram moças muito morenas e elegantes, impessoais à medida que se transformavam em instrumentos próprios para o sexo por meio de seu ritual de dança, tilintando seu ouro ao som de fidelidades selvagens ocultas nas colinas distantes.

O mundo se esfacelava em Biskra; as ruas rastejavam pela cidade como rios de lava branca e quente. Árabes vendiam torrones e bolos de um rosa tóxico sob o clarão de bicos de gás abertos. Desde *O jardim de Alá* e *O sheik*, a cidade se enchera de mulheres frustradas. Nos becos íngremes com calçamento de pedra, hesitamos diante do brilho das carcaças de carneiro penduradas nas barracas dos açougueiros.

Paramos em El Kantara numa pousada emoldurada por glicínias. O crepúsculo púrpura envolvia as profundezas de um desfiladeiro, e fomos à casa de um pintor que, naquelas montanhas longínquas, trabalhava em imitações de Meissonier.

E então a Suíça, e outra vida. A primavera florescia nos jardins do Grand Hôtel, em Glion, e um mundo panorâmico cintilava no ar da montanha. O sol impregnava de vapor as flores delicadas que se soltavam das rochas enquanto ao longe brilhava o lago de Genebra.

Para além da balaustrada do Lausanne Palace, velas de barcos emplumam-se na brisa, como aves. Salgueiros desenham motivos rendados no cascalho do terraço. As pessoas, fugitivos chiques da vida e da morte, entrechocam suas xícaras de chá numa emoção ranzinza na varanda profunda e protetora. Soletram nomes de hotéis e cidades da Suíça com canteiros de flores e chuva-de-ouro, e até os postes das ruas usavam coroas de verbenas.

1931

Homens jogavam damas sem pressa no restaurante do Hôtel de la Paix, em Lausanne. A depressão tornara-se explícita nos jornais americanos e queríamos voltar para casa.

No entanto, fomos a Annecy por duas semanas no verão, e no final decidimos que nunca mais voltaríamos lá porque aquelas semanas tinham sido tão perfeitas que nenhum outro período poderia se comparar a elas. Primeiro ficamos no Beau-Rivage, um hotel coberto de roseiras escandentes com uma plataforma de mergulho encravada debaixo de nossa janela, entre o céu e o lago, mas havia moscas enormes ali, então nos mudamos para Menthon, do outro lado do lago. Ali a água era mais verde, as sombras grandes e frias e os jardins irregulares subiam, oscilantes, os degraus do precipício até o Hôtel Palace. Jogamos tênis nas quadras de saibro e tentamos pescar de cima de uma mureta de tijolos. O calor do verão fazia ferver a resina nas termas de pinho branco. À noite caminhávamos até um café decorado com lanternas japonesas, os sapatos brancos brilhando como se fossem radioativos na escuridão úmida. Era como nos bons tempos, quando ainda acreditávamos em hotéis de veraneio e na filosofia das canções populares. Numa outra noite dançamos uma valsa vienense, rodopiando sem parar.

No Caux Palace, mil metros suspensos no ar, dançamos à hora do chá sobre o piso de tábuas irregular de um pavilhão e encharcamos nossas torradas com o mel da montanha.

Quando passamos por Munique, o Regina-Palast estava vazio. Deram-nos uma suíte onde se alojavam os príncipes no tempo em que a realeza viajava. Os jovens alemães que espreitavam as ruas mal iluminadas tinham um ar sinistro — as conversas ao som das valsas nas cervejarias ao ar livre versavam sobre guerra e tempos difíceis. Thornton Wilder nos levou a um famoso restaurante em que a cerveja fazia jus aos canecos de prata em que era servida. Fomos ver as apreciadas testemunhas de uma causa perdida; nossas vozes ecoaram pelo planetário e ficamos desorientados na apresentação cósmica azul-escura sobre como são as coisas.

Em Viena, o Bristol era o melhor hotel, e ficaram contentes com a nossa presença, porque ele também estava vazio. Nossa janela dava para o barroco embolorado da Ópera, sobre a copa de olmos desolados. Jantamos no hotel da viúva Sacher — do painel de carvalho pendia uma gravura de Franz Joseph indo para algum lugar mais alegre, muitos anos atrás, numa carruagem; um dos Rothschild jantava atrás de um biombo de couro. A cidade já era pobre, ou ainda era pobre, e os rostos se mostravam a nós importunados e na defensiva.

Ficamos alguns dias no Vevey Palace, no lago de Genebra. As árvores do jardim eram as mais altas que já tínhamos visto, e aves enormes e solitárias esvoaçavam sobre a superfície do lago. Ao longe havia uma prainha alegre com um bar moderno onde nos sentávamos na areia e discutíamos o que comer.

Voltamos a Paris de carro, ou seja, instalados, nervosos, em nosso Renault de seis cavalos. No famoso Hôtel de la Cloche, em Dijon, conseguimos um bom quarto com um banheiro de uma complicação mecânica infernal, à qual o camareiro se referia com orgulho como encanamento americano.

Em Paris pela última vez, nos instalamos na pompa decadente do Hôtel Majestic. Fomos à Exposição e nossa imaginação foi subjugada por fac-símiles dourados de Bali. Arrozais inundados solitários em ilhas remotas solitárias nos contaram uma história repetitiva de trabalho e morte. A justaposição de tantas réplicas de tantas civilizações era confusa e deprimente.

De volta aos Estados Unidos, ficamos no New Yorker porque os anúncios diziam que era barato. Por toda parte, a calma tinha sido sacrificada à correria e, por um momento, aquele mundo pareceu impossível, embora reluzente quando visto do telhado ao azul do crepúsculo.

No Alabama, as ruas estavam sonolentas e distantes, e um realejo emitia numa sonoridade entrecortada as músicas de nossa juventude. Como havia doentes na família e a casa estava cheia de enfermeiras, ficamos no novo e refinado Jefferson Davis. As velhas casas perto do centro comercial estavam caindo aos pedaços. Novos chalés se alinhavam nas avenidas ladeadas de cedros na periferia; maravilhas floresciam sob o velho cervo de ferro, e tuias emolduravam o afetado caminho de tijolos, enquanto um mato robusto estufava o calçamento. Nada acontecia ali desde a Guerra Civil. Todos tinham esquecido por que o hotel fora construído, e o recepcionista nos deu três quartos e quatro banheiros por nove dólares a diária. Usamos um deles como sala de estar, pois assim os carregadores teriam um lugar para dormir quando os chamássemos.

1932

No maior hotel de Biloxi, lemos o Gênesis e observamos o mar cobrir a praia deserta com um mosaico de galhos pretos.

Fomos à Flórida. Os pântanos desolados eram pontilhados por advertências bíblicas em prol de uma vida melhor; barcos de pesca abandonados se desintegravam ao sol. O Don Cesar Hotel, em Pass-a-Grille, se espichava lânguido sobre a imensidão pontilhada de tocos, subordinando sua forma ao brilho cegante do golfo. Conchas opalescentes faziam o pôr do sol convergir para a praia, e as pegadas de um cachorro abandonado na areia molhada proclamavam sua reivindicação de um caminho livre em torno do oceano. À noite, caminhávamos discutindo a teoria pitagórica dos números, e de dia pescávamos. Lamentamos pelos chernes e olhetes — era uma brincadeira tão fácil que nada tinha de esporte, afinal. Lendo *Sete contra Tebas*, nos bronzeamos numa praia deserta. O hotel estava quase vazio, e havia tantos garçons querendo ir embora que mal conseguíamos fazer nossas refeições.

1933

O quarto do Algonquin se elevava entre as cúpulas douradas de Nova York. Sinos davam as horas que ainda tinham de penetrar nas ruas sombreadas do cânion. Fazia muito calor no quarto, mas os carpetes eram macios e o aposento estava isolado por corredores escuros do outro lado da porta e por fachadas reluzentes do outro lado da janela. Levamos muito tempo nos arrumando para ir a teatros. Vimos quadros de Georgia O'Keefe, e foi uma experiência profundamente emocionante abandonar-nos àquela aspiração sublime tão bem traduzida em eloquentes formas abstratas.

Durante anos tínhamos desejado ir às Bermudas. Fomos. O Elbow Beach Hotel estava cheio de casais em lua de mel que se olhavam nos olhos, radiantes, com tanta insistência que nós, cinicamente, nos mudamos de lá. O Hotel St. George era bom. Buganvílias caíam em cascata pelos troncos das árvores, e escadarias longas passavam por mistérios profundos que aconteciam atrás das janelas dos nativos. Gatos dormiam ao longo da balaustrada e crianças adoráveis cresciam. Andamos de bicicleta em pistas castigadas pelo vento e fitamos com assombro onírico o fenômeno dos galos ciscando entre flores-de-mel. Bebemos xerez montados nos lombos ossudos dos cavalos amarrados na praça pública. Tínhamos viajado bastante, pensamos. Talvez essa seria nossa última viagem por um longo tempo. Achamos que as Bermudas seriam um bom lugar para pôr fim a muitos anos de andanças.

DORMINDO E ACORDANDO

DEZEMBRO DE 1934

Quando, há alguns anos, li um conto de Ernest Hemingway intitulado "Now I Lay Me" [Agora me deito], achei que não havia mais nada a ser dito sobre a insônia. Agora vejo que foi porque eu nunca tinha tido muita falta de sono; é como se a insônia de cada homem fosse diferente da insônia de seu vizinho, assim como suas esperanças e aspirações diurnas.

Mas se a insônia vai ser um dos predicados de uma pessoa, ela começa a aparecer lá pelos trinta e tantos. Aquelas sete preciosas horas de sono de repente se dividem em duas partes. Se a pessoa tiver sorte, há o "primeiro doce sono da noite" e o último sono profundo da manhã, mas entre os dois aparece um intervalo sinistro e cada vez maior. Esse é o tempo sobre o qual o salmista escreveu: *Scuto circumdabit te veritas eius: non timebis a timore nocturno, a sagitta volante in die, a negotio perambulante in tenebris.**

Com um conhecido meu o problema começou com um rato; no meu caso, costumo atribuí-lo a um simples mosquito.

---

* Salmo 91,4-6: "Sua fidelidade é escudo e couraça. Não temerás o terror da noite nem a flecha que voa de dia, nem a peste que caminha na treva". (N. T.)

Meu amigo estava abrindo sua casa de campo sozinho e, depois de um dia exaustivo, descobriu que a única cama usável era de criança — normal no comprimento, mas pouco mais larga que um berço. Prostrou-se nela e imergiu profundamente no repouso, mas com um braço incontrolavelmente caído ao lado do berço. Horas mais tarde ele acordou com o que parecia ser uma espetadela de alfinete no dedo. Sonolento, mudou a posição do braço e pegou no sono outra vez — e mais uma vez foi acordado com a mesma sensação.

Dessa vez ele acendeu a luz de cabeceira — e lá estava, atracado com a ponta de um dedo que sangrava, um pequeno e ávido camundongo. Em suas próprias palavras, meu amigo "soltou uma exclamação", mas é mais provável que tenha dado um urro selvagem.

O camundongo soltou a presa. Estivera empenhado na tarefa de devorar o homem todo, como se o sono dele fosse permanente. A partir de então, surgiu o risco de o sono de meu amigo não ser sequer temporário. A vítima sentou-se tremendo, e muito, muito cansada. Pensou em mandar fazer uma gaiola que se encaixasse na cama e dormir dentro dela pelo resto da vida. Mas era muito tarde para conseguir uma gaiola naquela mesma noite, e ele finalmente adormeceu, para acordar apavorado de quando em quando por causa de sonhos em que era o flautista de Hamelin e os ratos se voltavam contra ele.

Desde então, nunca mais conseguiu dormir sem um cachorro ou um gato no quarto.

Minha experiência pessoal com pragas noturnas ocorreu num período de profunda exaustão — trabalho demais a fazer, agravado por contingências que tornavam o trabalho duplamente cansativo, doenças próprias e em pessoas próximas —, a velha história da desgraça que nunca vem sozinha. E como planejei aquele sono que coroaria o fim da batalha! Como ansiei por relaxar numa cama macia como uma nuvem e estável como uma sepultura! Um convite para um jantar a dois com Greta Garbo teria me deixado indiferente.

Mas se tal convite tivesse sido feito, eu faria bem em aceitá-lo, já que em vez disso jantei sozinho, ou melhor, fui jantado por um mosquito solitário.

É espantoso como um único mosquito pode ser muito pior que um enxame. O enxame pode ser combatido, mas um mosquito sozinho assume uma personalidade — uma hostilidade, uma sinistra característica de luta até a morte. Essa personalidade apresentou-se sozinha, em setembro, no vigésimo andar de um hotel de Nova York, tão fora de propósito quanto um tatu. Com o corte das verbas destinadas à drenagem dos pântanos de Nova Jersey, ele e outros jovens mosquitos migraram para estados vizinhos em busca de alimento.

A noite estava quente — mas depois do primeiro embate, marcado por tapas erráticos no ar, por buscas infrutíferas, por castigar minhas próprias orelhas uma fração de segundo tarde demais, recorri à antiga fórmula e cobri a cabeça com o lençol.

E assim continuou a velha história, com picadas através do lençol, ataques a partes expostas da mão que mantinha o lençol no lugar, o recurso ao cobertor com a consequente asfixia — tudo seguido da mudança psicológica de atitude, cada vez mais desperto, furioso e impotente —, finalmente, uma segunda caçada.

Esta inaugurou a fase maníaca: rastejar para debaixo da cama usando a luminária como lanterna, percorrer o quarto todo para concluir que o inseto tinha se refugiado no teto e atacar com toalhas amarradas, os ferimentos autoinfligidos... Meu Deus!

Depois disso, houve uma breve convalescença da qual meu adversário parecia ter consciência, porque encarapitou-se insolente num dos lados da minha cabeça, mas eu o perdi mais uma vez.

Afinal, depois de mais meia hora que castigou meus nervos a ponto de levá-los a um frenético estado de alerta, deu-se a vitória pírrica, com a pequena mancha disforme de sangue — *meu* sangue — na cabeceira da cama.

Como já disse, penso naquela noite de dois anos atrás como o começo da minha insônia, porque me deu a noção de quanto o sono pode ser estragado por um elemento infinitesimal incalculável. Tornou-me, para usar uma fraseologia agora arcaica, "consciente do sono". Eu não sabia se um dia me seria permitido dormir. Eu bebia, de modo intermitente mas generoso, e nas noites em que não tomava nada a dúvida se eu dormiria ou não começava a me assombrar bem antes da hora de ir para a cama.

Uma noite normal (e gostaria de dizer que essas noites ficaram no passado) se segue a um dia particularmente sedentário de trabalho e cigarros. Termina, digamos, sem nenhum intervalo para relaxar, à hora de ir para a cama. Tudo está pronto: os livros, o copo d'água, o pijama extra para o caso de acordar banhado em suor, o tubinho de pílulas de luminol, caderno de anotações e lápis para o caso de um pensamento noturno digno de registro. (Têm sido poucos e, em geral, de manhã me parecem superficiais, o que não reduz sua força e sua urgência à noite.)

Deito-me, talvez com um gorro — estou fazendo umas leituras relativamente eruditas para um trabalho, por isso escolho um livro mais leve sobre o tema e leio até cabecear com um último cigarro. Quando começo a bocejar, ponho um marcador no livro, jogo o cigarro na lareira, aperto o botão da luminária. Deito-me virado para o lado esquerdo, porque isso, segundo me disseram, aquieta o coração, e aí... o coma.

Tudo bem até agora. Da meia-noite às duas e meia, paz no quarto. E então de repente acordo, importunado por uma das dores ou funções do corpo, um sonho demasiado realista, uma mudança de temperatura.

O ajuste se faz prontamente, na vã esperança de preservar a continuidade do sono, mas não... Então, com um suspiro, acendo a luz, tomo uma minúscula pílula de luminol e reabro o livro. A noite *real*, a hora mais negra, começou. Estou cansado demais para ler, a não ser que tome uma bebida, o que me fará sentir mal no dia seguinte — então me levanto e ando. Saio do quarto, atravesso o corredor até o escritório, volto e, se é verão, saio para o alpendre dos fundos. Há uma névoa sobre Baltimore; não consigo ver uma só torre. De novo para o escritório, onde meu olhar cai sobre uma pilha de trabalhos inconclusos: cartas, provas de paquês, anotações etc. Começo a me encaminhar para ela, mas não! Isso seria fatal. O luminol começa a fazer um leve efeito, então experimento a cama outra vez, formando um semicírculo com a ponta do travesseiro embaixo do pescoço.

"Um dia" (digo a mim mesmo) "precisavam de um zagueiro em Princeton, e como não tinham ninguém, estavam desesperados. O treinador me viu treinando chutes e passes à beira do campo, e gritou: 'Quem é aquele homem? Como foi que não o vimos antes?'. Seu auxiliar respondeu: 'Ele não tinha aparecido', e a resposta foi: 'Tragam-no aqui'."

"... vamos para o dia do jogo contra Yale. Peso só sessenta quilos, então eles me poupam até o terceiro tempo, com o placar de..."

Mas não teve jeito — durante quase vinte anos, usei o sonho de um sonho derrotado para induzir o sono, mas ele acabou se esgotando. Já não posso contar com ele — embora até agora, em noites mais fáceis, ele me traga certa calma...

Então vamos passar para o sonho de guerra: os japoneses estão ganhando por toda parte — minha divisão está em frangalhos e na defensiva, numa parte de Minnesota em que conheço cada palmo do terreno. Os oficiais superiores e os comandantes de batalhão que se reuniam no quartel tinham sido mortos por uma bomba. O comando recaiu sobre o capitão Fitzgerald. Com sua soberba presença...

Já chega — isso também se esgotou depois de anos de uso. O personagem que leva meu nome tornou-se indiscernível. No fim da noite, sou apenas um dentre os obscuros milhões que avançam em ônibus pretos rumo ao desconhecido.

De volta ao alpendre dos fundos, condicionado por um cansaço mental intenso e um alerta perverso do sistema nervoso — como um arco com fios partidos sobre um violino soluçante —, vejo o verdadeiro horror se desenvolvendo sobre as cumeeiras, e nas buzinas barulhentas dos táxis noturnos e na cantilena estridente da chegada dos boêmios pela rua. Horror e desperdício...

Desperdício e horror... o que eu poderia ter sido e feito que está perdido, gasto, passado, dissipado, irrecuperável. Eu poderia ter agido assim, me abstido daquilo, sido arrojado onde fui tímido, cauteloso onde fui precipitado.

Não deveria tê-la magoado daquela forma.

Nem ter dito aquilo a ele.

Nem me quebrado todo tentando quebrar o inquebrável.

O horror chegou agora como uma tempestade — e se esta noite prefigurasse a noite após a morte — e se tudo o que houvesse depois disso fosse um eterno balanço à beira de um abismo, com tudo o que há em nós de vil e depravado nos empurrando adiante, e a vileza e a depravação do mundo logo à frente. Nenhuma escolha, nenhum caminho, nenhuma esperança — só a repetição sem fim do sórdido e do semitrágico. Ou permanecer para sempre, talvez, no limiar da vida, incapaz de ir em frente ou de voltar. Agora, quando o relógio dá quatro horas, sou um fantasma.

Ao lado da cama, ponho a cabeça entre as mãos. E então o silêncio, o silêncio — e de repente — ou assim me parece em retrospecto — de repente estou dormindo.

Sono — o sono real, o querido, o estimado, o acalanto. A cama e o travesseiro me envolvem, profundos e cálidos, deixando-me mergulhar na paz, no nada — meus sonhos agora, depois da catarse das horas negras, estão cheios de gente jovem e adorável fazendo coisas jovens e adoráveis, as garotas que conheci um dia, com grandes olhos castanhos, cabelos louros autênticos.

No outono de 16, no frio da tarde de garua
Conheci Caroline sob uma branca lua
Uma orquestra — Bingo-Bango!
Tocava para dançarmos tango
E todos aplaudiram, ao irmos para a pista,
Seu meigo rosto e meus modos de artista...

A vida *era* assim, afinal; meu espírito alça voo no momento de seu esquecimento; depois desce, e mergulha profundamente no travesseiro...

"... Sim, Essie, sim. Oh, meu Deus, está bem, eu atendo o telefone."

Irresistível, iridescente — eis a Aurora — eis um novo dia.

MINHA CIDADE PERDIDA

Primeiro foi o ferryboat saindo lentamente da costa de Jersey ao amanhecer — o momento cristalizou-se como meu primeiro símbolo de Nova York. Cinco anos depois, quando eu tinha quinze anos, saía da escola e ia ao centro da cidade para ver Ina Claire em *The Quaker Girl* e Gertrude Bryan em *Little Boy Blue*. Indeciso em meu amor melancólico e sem esperança por ambas, não conseguia escolher entre as duas — então elas se fundiram numa deliciosa identidade, a garota. Ela foi meu segundo símbolo de Nova York. O ferryboat representava o triunfo; a garota, o romance. Com o tempo, eu conquistaria um pouco dos dois, mas houve um terceiro símbolo que perdi em algum lugar, e para sempre.

Encontrei-o numa tarde escura de abril, passados outros cinco anos.

"Oi, Bunny", gritei. *"Bunny!"*

Ele não me ouviu — meu táxi ficou para trás e alcançou-o de novo meia quadra adiante. Havia poças escuras de chuva na calçada, e o vi caminhando rápido no meio da multidão, usando uma capa de chuva bege sobre o inevitável terno marrom; notei com espanto que ele carregava uma leve bengala.

"Bunny!", chamei de novo, e desisti. Eu ainda era universitário de Princeton, enquanto ele tinha se tornado um nova-iorquino. Era sua caminhada vespertina, essa correria com a bengala no meio da chuva que caía, e como faltava uma hora para nosso encontro, pareceu-me uma intromissão ir ter com ele quando estava envolvido com sua vida privada. Entretanto, meu táxi continuou emparelhado com ele, continuei observando e fiquei impressionado. Ele já não era o pequeno e tímido acadêmico da Holder Court — andava com firmeza, absorto em seus pensamentos e olhando para a frente, deixando óbvio que seu novo cenário era de todo suficiente para ele. Eu sabia que ele tinha um apartamento onde morava com três outros homens, já livre de todos os tabus de estudante, mas havia algo mais que o nutria, e tive minha primeira impressão dessa novidade: o espírito metropolitano.

Até aquela época, eu só tinha visto a Nova York que se oferecia à inspeção — era como Dick Whittington,* chegado do campo e boquiaberto com os ursos amestrados, ou um jovem do Midi deslumbrado com os bulevares de Paris. Eu tinha vindo só para ver o espetáculo, embora os projetistas do edifício Woolworth e do painel luminoso da corrida de bigas, os produtores de comédias musicais e peças de tese não pudessem desejar um espectador mais receptivo, já que o estilo e o brilho que eu atribuía a Nova York superavam as expectativas da própria cidade. Mas nunca aceitei nenhum dos convites praticamente anônimos para bailes de debutantes que costumavam aparecer na correspondência de qualquer universitário, talvez porque sentisse que nenhuma realidade estaria à altura da concepção

---

* *Dick Whittington e seu gato* é um conto do folclore inglês sobre um menino pobre do século XIII que se torna um rico comerciante e termina como Lord Mayor de Londres devido à habilidade de seu gato como caçador de ratos. (N. T.)

que eu fazia do esplendor de Nova York. Além do mais, aquela que eu chamava insensatamente de "minha garota" era do Meio-Oeste, o que mantinha lá o centro afetivo do mundo, de modo que eu considerava Nova York essencialmente cínica e cruel — exceto por uma noite em que ela iluminou o terraço do Ritz numa breve aparição.

Mais tarde, no entanto, eu a perdera para sempre e queria um mundo masculino, e a visão que tive de Bunny me fez ver Nova York exatamente assim. Uma semana antes, Monsignor Fay me levara ao Lafayette, onde se estendia diante de nós uma fulguração de comida, chamada *hors d'oeuvre*, que acompanhamos com um clarete tão desafiador quanto a confiante bengala de Bunny — mas afinal de contas tratava-se de um restaurante, e depois teríamos de transpor uma ponte para voltarmos ao interior. A Nova York da dissipação estudantil, de restaurantes como o Bustanoby's, o Shanley's e o Jack's, tinha se tornado um horror, e embora eu tenha voltado a ela, ai de mim, muitas vezes numa névoa de álcool, senti cada volta como uma traição a um idealismo persistente. Minha participação era mais lasciva que licenciosa, e restam poucas lembranças prazerosas daqueles dias. Como disse uma vez Ernest Hemingway, a única finalidade do cabaré é reunir homens descomprometidos e mulheres complacentes. O resto é perda de tempo numa atmosfera viciada.

Naquela noite, porém, no apartamento de Bunny, a vida era mansa e segura, o produto final de uma destilação de tudo que eu aprendera a amar em Princeton. O som agradável de um oboé se misturava aos ruídos urbanos que vinham da rua, penetrando na sala com dificuldade através de enormes barricadas de livros; a única nota dissonante era dada por um homem que rasgava envelopes de convites. Eu tinha encontrado um terceiro símbolo de Nova York e comecei a pensar em alugar um apartamento como aquele e em selecionar amigos com quem dividi-lo.

Improvável — durante os dois anos seguintes, tive tanto controle sobre meu destino quanto um preso sobre o corte de sua roupa. Quando voltei a Nova York, em 1919, minha vida estava tão enrolada que eu não podia nem sonhar com um tranquilo período monástico na Washington Square. O importante era ganhar dinheiro em publicidade, o bastante para alugar um pequeno apartamento no Bronx para duas pessoas. A garota em questão nunca tinha visto Nova York, mas era sensata o suficiente para estar um pouco relutante. E num halo de ansiedade e infelicidade, passei os quatro meses mais vulneráveis de minha vida.

Nova York tinha toda a iridescência do nascimento do mundo. Soldados vindos da guerra desfilaram pela Quinta Avenida, e as garotas eram atraídas instintivamente para leste e norte atrás deles — esta era a maior nação do mundo e havia um clima de gala no ar. Enquanto eu pairava como um fantasma no Salão Vermelho do Plaza numa tarde de sábado, ia a inebriantes festas no entorno da rua 60 Leste, ou bebia com o pessoal de Princeton no bar do Biltmore, era sempre assombrado por minha outra vida — meu quarto ordinário no Bronx, meus centímetros quadrados de metrô, minha obsessão pela carta diária do Alabama — chegaria, e o que diria? —, meus ternos surrados, minha pobreza e o amor. Enquanto meus amigos estavam se dando bem na vida, eu tinha empurrado meu barco precário para a correnteza. A juventude dourada que circulava em volta de Constance Bennett no Club de Vingt, os colegas do clube de Yale-Princeton animados em nossa primeira reunião depois do fim da guerra, o clima das casas de milionários que eu às vezes frequentava — tudo isso era vazio para mim, embora eu admitisse que era um cenário impressionante e lamentasse estar comprometido com outro romance. A mais divertida mesa de almoço ou o cabaré mais onírico — era tudo a mesma coisa. Eu voltava ansiosamente para minha casa na Claremont Avenue — porque poderia haver uma carta esperando diante da porta. Um por um, meus grandes sonhos com Nova York se corromperam. A lembrança do charme do apartamento de Bunny feneceu com todo o resto quando entrevistei uma senhoria desgrenhada no Greenwich Village. Ela disse que eu poderia trazer garotas para o meu quarto, e essa ideia me encheu de desânimo — por que eu ia querer trazer garotas para o meu quarto? Eu tinha uma garota. Perambulava pela cidade, pela rua 127, magoado com sua vitalidade vibrante; ou então comprava ingresso para algum teatro barato na farmácia Gray's e tentava me perder por algumas horas em minha velha paixão pela Broadway. Eu era um fracasso — medíocre na publicidade e incapaz de me lançar como escritor. Odiando a cidade, bebia até meu último centavo e, caindo de bêbado e choroso, voltava para casa...

... Cidade imprevisível. O que aconteceu depois foi apenas uma entre milhares de histórias de sucesso daqueles dias agitados, mas desempenha um papel em meu próprio filme de Nova York. Quando voltei, seis meses depois, as salas das editoras estavam abertas para mim, agentes imploravam por peças, o cinema ansiava por roteiros. Para minha perplexidade, fui adotado não como um interiorano do Meio-Oeste, nem como observador participante, mas como o arquétipo daquilo que Nova York queria. Essa afirmação demanda certa descrição do que era a metrópole em 1920.

Já existia a cidade branca e alta de hoje, a atividade febricitante do boom, mas havia também uma desarticulação geral. Assim como outros, o colunista F. P. A.* tomou o pulso da multidão, mas timidamente, como quem observa pela janela. A sociedade e as artes autóctones não se misturavam — Ellen Mackay ainda não se casara com Irving Berlin. Grande parte dos personagens de Peter Arno não teria nenhum significado para os cidadãos de 1920, e, fora a coluna de F. P. A., não existia uma tribuna para a civilidade metropolitana.

Então, por um instante, a ideia de "nova geração" tornou-se uma fusão de muitos elementos da vida de Nova York. Gente de

---

* Franklin Pierce Adams (1881-1960). (N. T.)

cinquenta anos podia fingir que ainda existia uma nata da sociedade, ou Maxwell Bodenheim podia fingir que existia uma boêmia digna de sua pintura e seu traço — mas a mistura dos elementos brilhantes, alegres e vigorosos começou nessa época, e pela primeira vez apareceu uma sociedade um pouco mais animada que os circunspectos banquetes de Emily Price Post em salões de mogno. Se essa sociedade inventou o coquetel, também desenvolveu o espírito da Park Avenue, e pela primeira vez um europeu culto podia vislumbrar uma viagem a Nova York como algo mais divertido do que uma expedição em busca de ouro no interior da Austrália.

Só por um instante, antes que ficasse demonstrado que eu era incapaz de desempenhar o papel, eu, que sabia sobre Nova York menos que qualquer repórter com seis meses de residência na cidade, e menos sobre sua sociedade do que qualquer rapaz desacompanhado nos bailes do Ritz, fui elevado à posição não só de porta-voz da época, mas de típico produto do momento. Eu, melhor dizendo agora, "nós" não sabíamos exatamente o que Nova York esperava de nós e achamos aquilo muito confuso. Poucos meses depois de embarcar na aventura metropolitana, já mal sabíamos quem éramos e não tínhamos ideia do que éramos. Um mergulho numa fonte pública ou um esbarrão casual com agentes da lei era o bastante para nos levar às colunas de fofocas. Éramos citados com relação a uma vasta quantidade de assuntos sobre os quais nada sabíamos. Na verdade, nossos "contatos" se resumiam a meia dúzia de amigos solteiros da faculdade e uns poucos conhecidos recentes da área literária — lembro de um Natal solitário em que não tínhamos um só amigo na cidade nem uma casa aonde ir. Sem encontrar um núcleo ao qual nos agarrar, nós mesmos nos tornamos um núcleo e aos poucos ajustamos nossas personalidades conturbadas à cena da Nova York contemporânea. Ou melhor, Nova York nos esqueceu e nos deixou ficar.

Este não é um relato das mudanças da cidade, mas das mudanças dos sentimentos deste escritor pela cidade. Da confusão de

1920, lembro de andar na capota de um táxi pela Quinta Avenida deserta numa noite quente de domingo, de um almoço no sereno jardim japonês do Ritz com a melancólica Kay Laurel e George Jean Nathan, de escrever a noite toda repetidamente, de pagar caro por minúsculos apartamentos, e de comprar carros magníficos que enguiçavam toda hora. Tinham aparecido os primeiros bares clandestinos, passear estava fora de moda, o Montmartre era o lugar elegante para dançar e o cabelo louro de Lillian Tashman rodopiava na pista de dança entre universitários embriagados. As peças eram *Declassée* e *Sacred and Profane Love*, e no Midnight Frolic você dançava lado a lado com Marion Davies e talvez reconhecesse a animada Mary Hay entre as coristas. Pensávamos que estávamos distantes de tudo aquilo; talvez todo mundo pense que está distante de seu ambiente. Nos sentíamos como duas criancinhas num enorme galpão, iluminado e inexplorado. Reunidos no estúdio de Griffith em Long Island, tremíamos em presença dos rostos familiares do filme *O nascimento de uma nação*; mais tarde, compreendi que por trás do entretenimento que a cidade despejava sobre a nação não havia mais que um monte de gente perdida e solitária. O mundo dos astros de cinema era como o nosso, na medida em que eles estavam em Nova York, mas não eram de Nova York. Esse mundo tinha pouca noção de si mesmo e nenhum centro: quando conheci Dorothy Gish, tive a sensação de que estávamos os dois no polo Norte e que nevava. Desde então eles encontraram um lar, que não estava destinado a ser Nova York.

 Quando nos entediávamos, encarávamos nossa cidade com um capricho à moda de Huysmans. Passávamos uma tarde sozinhos em nosso "apartamento", comendo sanduíches de azeitona e bebendo um litro de uísque Bushmills que tínhamos ganhado de Zoë Akins, e então saíamos para a cidade enfeitiçada, entrando por portas estranhas em estranhos apartamentos com intermitentes sacolejos em táxis no meio das noites mansas. Pelo menos formávamos um todo com Nova York, levando-a conosco por cada portal. Até hoje entro em muitos apartamentos com a sensação de já ter estado lá antes, ou no de cima, ou no de baixo. Teria sido na noite em que tentei tirar a roupa no Scandals, ou na noite em que (como fiquei sabendo, com assombro, pelos jornais na manhã seguinte) "Fitzgerald esmurra policial até o outro lado do paraíso"? Como ganhar briga não fazia parte das minhas realizações, tentei em vão reconstruir a sequência de eventos que culminou naquele desfecho, no Webster Hall. Finalmente, daquele período, lembro de estar andando de táxi numa tarde entre edifícios altíssimos sob um céu rosa arroxeado; comecei a gritar que tinha tudo o que queria e sabia que nunca mais seria tão feliz.

Foi típico de nossa precária situação em Nova York o fato de que, quando nossa filha estava para nascer, decidimos proceder com segurança e voltamos para St. Paul — parecia inadequado trazer um bebê à luz no meio de todo aquele glamour e daquela solidão. Depois de um ano, porém, estávamos de volta, e começamos a fazer as mesmas coisas outra vez, sem gostar muito delas. Estávamos bastante rodados, embora conservássemos uma inocência quase teatral ao preferir o papel de observados ao de observadores. Mas a inocência não é um fim em si, e à medida que nossa mentalidade amadurecia, contra a nossa vontade, começamos a ver Nova York como um todo e a tentar salvar alguma coisa dela para quando chegassem os seres em que inevitavelmente nos transformaríamos.

Era tarde demais — ou cedo demais. Para nós, a cidade estava indissoluvelmente ligada a divertimentos etílicos, moderados ou fantásticos. Só pudemos nos organizar ao voltar para Long Island, e nem sempre lá. Não tínhamos estímulo para desfrutar a cidade pela metade. Meu primeiro símbolo era agora uma lembrança, pois eu sabia que o triunfo está em nós mesmos; o segundo tinha se transformado em lugar-comum — as duas atrizes que eu cultuava de longe lá pelos idos de 1913 tinham jantado em nossa casa. Mas dava-me certo medo que também o terceiro símbolo tivesse se turvado — não era fácil encontrar a tranquilidade do apartamento de Bunny na cidade sempre acelerada. Bunny tinha se casado e ia ser pai; outros amigos tinham ido para a Europa, e os solteiros frequentavam casas maiores e mais festivas que a nossa. Nessa época, conhecíamos "todo mundo" — ou seja, a maioria das pessoas que Ralph Barton retrataria em seus cartuns numa noite de estreia.

Mas já não éramos importantes. Em 1923, a melindrosa, em cuja conduta se baseara a popularidade de meus primeiros livros, tinha saído de moda — pelo menos no Leste. Decidi impactar a Broadway com uma peça, mas a Broadway mandou seus olheiros a Atlantic City e de saída cancelou a ideia, e assim senti que, naquele momento, a cidade e eu tínhamos pouco a oferecer um ao outro. Eu ia pegar a atmosfera de Long Island que respirara com familiaridade e materializá-la sob céus desconhecidos.

Passaram-se três anos até que víssemos Nova York outra vez. Enquanto o navio deslizava rio acima, a cidade explodia trovejando sobre nós no entardecer — a geleira branca da parte baixa de Nova York mergulhando como os cabos de uma ponte para erguer-se na parte alta da cidade, um milagre de luz e espuma suspenso pelas estrelas. Uma banda começou a tocar no convés, mas diante da majestade da cidade a marcha soava banal e metálica. A partir daquele momento, entendi que Nova York, não importava quantas vezes eu a deixasse, era minha casa.

O ritmo da cidade tinha mudado profundamente. As incertezas de 1920 tinham se afogado num contínuo fragor dourado, e muitos de nossos amigos tinham enriquecido. Mas a agitação da Nova York de 1927 beirava a histeria. As festas eram de arromba — as de Condé Nast, por exemplo, rivalizavam com os lendários bailes da década de 1890; o ritmo era mais acelerado — os convites à dissipação davam exemplo a Paris; os espetáculos eram maiores; os edifícios, mais altos; os costumes, mais lassos; e a bebida, mais barata. Mas todas essas benesses na verdade não proporcionavam muito deleite. Os jovens se desgastavam muito cedo — estavam insensíveis e frágeis aos vinte e um anos e, com exceção de Peter Arno, nenhum deles contribuiu com nada de novo. Talvez Peter Arno e seus colaboradores tenham dito tudo o que havia por dizer sobre os dias do boom de Nova York que não pudesse ser dito por uma orquestra de jazz. Muita gente que não era alcoólatra se embebedava quatro dias por semana, e havia nervos em frangalhos espalhados por toda parte; os grupos permaneciam reunidos por um nervosismo generalizado, e a ressaca tornou-se uma parte do dia tão natural quanto dormir a *siesta* para os espanhóis. A maior parte dos meus amigos bebia demais — quanto mais sintonizados com a época, mais bebiam. Assim, como o esforço por si só não tinha nenhum valor diante da absoluta permissividade da Nova York daqueles dias, inventou-se um nome pejorativo para ele: uma atividade de sucesso tornou-se uma pilantragem — eu estava na pilantragem literária.

Morávamos a poucas horas de Nova York, e descobri que cada vez que vinha à cidade era pilhado numa complicação de eventos que poucos dias depois me depositavam em estado de exaustão num trem para Delaware. Porções inteiras da cidade tinham crescido de modo insalubre, mas invariavelmente eu encontrava um momento de paz absoluta cruzando o Central Park, no escuro, em direção ao sul, onde as fachadas da rua 59 projetavam suas luzes através das árvores. Ali estava de novo minha cidade perdida, envolvida indiferente em seu mistério e suas promessas. Entretanto, meu afastamento nunca durava muito — da mesma forma que o trabalhador precisa viver no ventre da cidade, eu era compelido a viver em sua mente desordenada.

Como alternativa havia os bares clandestinos — a migração dos bares de luxo, que anunciavam nas publicações de Yale e Princeton, para cervejarias onde o rosto ranzinza do submundo espiava através da boa índole germânica do entretenimento, e depois para lugares estranhos e ainda mais sinistros, onde éramos observados por rapazes com rosto de pedra e nada restava da jovialidade, apenas uma brutalidade que contaminava o novo dia para o qual saíamos. Lembrei-me de 1920, quando choquei um jovem empresário em ascensão sugerindo um coquetel antes do almoço. Em 1929, havia bebida alcoólica em metade dos escritórios do centro e um bar clandestino em metade dos grandes edifícios.

Os bares clandestinos e a Park Avenue tornavam-se cada vez mais de domínio público. Na década anterior, Greenwich Village, Washington Square, Murray Hill e os casarões da Quinta Avenida tinham de certa forma desaparecido, ou se tornado inexpressivos. A cidade estava intumescida, desentranhada, estupidificada com pão e circo, e uma nova expressão — "Ah, é?" — resumia todo o entusiasmo evocado pelo anúncio dos últimos superarranha-céus. Meu barbeiro aposentou-se com o meio milhão ganhado em apostas no mercado, e eu tinha consciência de que os maîtres que me conduziam até minha mesa, ou que não o faziam, estavam muito, muito mais ricos do que eu. Isso não tinha graça — mais uma vez me fartei de Nova York e foi bom me sentir a salvo a bordo de um navio, em cujo bar continuou a festa ininterrupta a caminho da França.

"Quais são as últimas de Nova York?"

"As ações estão subindo. Um bebê matou um bandido."

"Só isso?"

"Só. Os rádios se esgoelam na rua."

Eu já chegara a pensar que não havia segundo ato na vida dos americanos, mas certamente haveria um segundo ato aos dias de boom de Nova York. Estávamos em algum lugar do Norte da África quando ouvimos um ruído abafado que ecoou nos cantos mais remotos do deserto.

"O que foi isso?"

"Você ouviu?"

"Não foi nada."

"Você acha que devíamos voltar e ver?"

"Não. Não foi nada."

No outono escuro, dois anos depois, vimos Nova York de novo. Passamos por funcionários da alfândega curiosamente corteses e, depois, de cabeça baixa e chapéu na mão, caminhei respeitosamente pela tumba ressonante. Entre as ruínas, uns poucos fantasmas infantis ainda brincavam para manter a farsa de que estavam vivos, porém eram traídos por suas vozes febris e feições frenéticas que revelavam a fragilidade da mascarada. Nos coquetéis, um último resquício oco dos dias de festança, ecoavam os lamentos dos feridos: "Me dê um tiro, pelo amor de Deus, alguém me dê um tiro!", e os gemidos e queixumes dos moribundos: "Viu que a United States Steel caiu mais três pontos?". Meu barbeiro voltou a trabalhar em sua loja; mais uma vez os maîtres acompanhavam as pessoas até as mesas, quando havia pessoas a acompanhar. Das ruínas, sozinho e indecifrável como uma esfinge, erguia-se o edifício Empire State e, assim como tinha sido um hábito meu subir ao terraço do Plaza para me despedir da linda cidade, que se estendia até onde a vista podia alcançar, desta vez fui ao último andar da última e mais esplêndida das torres. Foi então que vi que tudo se explicava: eu descobrira o erro fatal da cidade, sua caixa de Pandora. Cheio de empáfia, o nova-iorquino subira só para ver, desolado, o que nunca tinha suspeitado: a cidade não era uma sucessão infinita de cânions, como ele supunha, mas *tinha limites* — de cima da mais alta das estruturas, ele viu pela primeira vez que ela ia se apagando em direção ao campo por todos os lados, numa imensidão de verde e azul, essa sim sem limites. E com a terrível compreensão de que Nova York afinal era uma cidade, e não um universo, todo o edifício cintilante que ele criara em sua imaginação veio abaixo. Foi esse o presente desavisado de Alfred W. Smith aos cidadãos de Nova York.

Assim eu me despeço da minha cidade perdida. Vista do ferry-boat, de manhã cedo, ela já não sugere sucessos fantásticos e eterna juventude. As moças alegres que saracoteiam diante de plateias vazias não me lembram a beleza inefável das garotas de meus sonhos em 1914. E Bunny, girando sobre os calcanhares cheio de si com sua bengala, a caminho de seu retiro num carnaval, aderiu ao comunismo e se preocupa com as injustiças contra os trabalhadores dos moinhos no Sul e os agricultores do Oeste, cujas vozes, quinze anos atrás, nunca teriam atravessado as paredes de seu estúdio.

Tudo está perdido salvo a lembrança, embora eu às vezes me imagine lendo uma edição de 1945 do *Daily News*:

CINQUENTÃO PERDE A CABEÇA EM NOVA YORK
Modelo declara: Fitzgerald enriqueceu à custa de golpes
Abatido por pistoleiro furioso

Então talvez eu esteja destinado a voltar algum dia e encontrar na cidade novas experiências que até agora só vi no papel. Por enquanto, só posso chorar a perda de minha esplêndida miragem. Volte, ó branca e resplandecente, volte!

SELEÇÕES DAS CARTAS

Para Edmund Wilson

[1920]
599 Summit Ave.
St. Paul, Minn.
15 de agosto

Caro Bunny:
    Delícia receber sua carta. Estou mergulhado no processo doloroso de um novo romance.
    Qual é o melhor título?
    1) *A educação de um personagem*
    2) *O egoísta romântico*
    3) *Este lado do paraíso*
    Vou mandá-lo para a Scribner. Eles gostaram do meu primeiro. Anexo duas cartas deles que talvez você ache divertidas. Devolva-as, por favor.
    Faz pouco que terminei o conto para o seu livro. Ainda não

está escrito. Uma americana se apaixona por um oficial *français* num campo do Sul.

Desde que estive com você pela última vez, tentei me casar & depois tentei me matar de tanto beber, mas tendo sido rejeitado pelo sexo e pelo Estado, como aconteceu com muitos homens bons, voltei à literatura.

Vendi três ou quatro contos baratos para revistas americanas.

Vou começar um conto para você sobre o 25 d'Août (como dizem ou não dizem os franceses) (o que vai ocorrer daqui a uns dez dias).

Tenho vergonha de dizer que meu catolicismo é pouco mais do que uma lembrança... Não, retiro o que disse, é mais do que isso. Seja como for, não vou à igreja, nem murmuro ladainhas manuseando contas de cristal.

Estarei em N. York em set. ou no começo de out.

John Bishop está em *hoc* terreno? [...]

Pelo amor de Deus, Bunny, escreva um romance & não perca tempo organizando coletâneas. Isso vai virar um hábito.

Isso pode parecer grosseiro e contraditório, mas você sabe o que quero dizer.

Do seu companheiro no grupo Holder,[*]
Scott Fitzgerald

---

[*] Referência ao quadrilátero Holder Hall, em que três lados são ocupados por dormitórios na Universidade de Princeton. (N. T.)

Para John Peale Bishop

[Inverno de 1924-5]
Estou muito bêbado
Dizem que isto aqui é Capri;
mas, pelo que me lembro, Capri
era mais sossegada

Caro John:
    Como diriam os literatos sabidinhos, sua carta foi recebida, e o conteúdo, citado. Tomara que tenhamos mais do mesmo: acho que mostra muita força, e a última cena — o jantar na casa dos jovens Bishop — foi tratada com admirável contenção. Agrada-me ver que, finalmente, os americanos estão produzindo uma literatura própria. O clímax foi maravilhoso, e a ironia fina do "sinceramente seu" só foi igualada nas obras de dois mestres, Flaubert e Ferber. [...]
    Agora terei dois exemplares de *Apple*, de Westcott, já que, no desespero, encomendei um exemplar — um verdadeiro pomar. Vou

dar um deles a Brooks, de quem gosto. Você conhece Brooks? É só um cara daqui. [...]

Desculpe a demora. Estive trabalhando no envelope. [...]

Foi uma visita. O nome do homem era Musselini, creio, e ele disse que atua na política aqui. Além disso, perdi a caneta, de modo que vou ter de continuar a escrever a lápis...* Ela apareceu — eu estava escrevendo com ela o tempo todo e não tinha notado. Isso é porque estou com a cabeça enfiada em meu novo trabalho, uma peça histórica baseada na vida de Woodrow Wilson.

Ato i: Em Princeton

Woodrow dando aula de filosofia. Entra Pyne. Cena de discussão — Wilson se recusa a reconhecer os clubes. Entra mulher com o Bastardo de Trenton. Pyne volta a entrar, com o grupo de canto e os curadores. Gritos lá fora: "Ganhamos — Princeton 12, Lafayette 3". Vivas. Entra o time de futebol americano e rodeia Wilson. Velho Nassau. Cortina.

Ato ii: Mansão do governador em Peterson

Wilson assinando papéis. Tasker Bliss e Marc Connelly trazem uma proposta segundo a qual os chefes assumirão o controle. "Tenho papéis importantes para assinar e nenhum deles legaliza a corrupção." O Triangle Club começa a cantar do lado de fora da janela. [...] Entram mulheres com o Bastardo de Trenton. O presidente continua a assinar papéis. Entram a sra. Galt, John Grier Hibben, Al Jolsen e Grantland Rice. Canção "O chamado ao dever maior". Quadro vivo. Pastilha para tosse.

---

* Essa frase foi escrita a lápis. O resto da carta, a tinta.

Ato III (opcional)

A frente de batalha, 1918

Ato IV

O congresso da paz. Clemenceau. Wilson e Jolsen à mesa. [...] Pela claraboia, entra a comissão do baile dos alunos do terceiro ano. Clemenceau: "Queremos o Sarre". Wilson: "Não, sarre, não quero saber de nada disso". Risos. [...] Entram Marylyn Miller, Gilbert Seldes e Irish Meusel. Tasker Bliss cai dentro da escarradeira.

Ai, Deus, estou ficando sóbrio. Escreva-me para dizer a opinião que se digna a formar sobre minha *chef d'oeuvre* e também a opinião de outras pessoas. *Por favor!* Eu a julgo excelente, mas como joga com muitos materiais degenerados, pessoas que tomam decisões rapidamente, como Rasco, talvez a confundam com Chambers. Para mim, é fascinante. Nunca me canso dela. [...]

Zelda esteve doente, acamada, durante cinco semanas, coitada, e só agora está melhorando. Nenhuma novidade, a não ser que agora recebo dois mil por um conto, e eles se tornam cada vez piores, e minha ambição é chegar a um ponto em que não precise escrever nada além de romances. O livro de Lewis tem alguma qualidade? Imagino que o meu seja infinitamente melhor. Que mais foi bem recebido pela crítica nesta primavera? Talvez meu livro* seja uma porcaria, mas não acho.

O que você está escrevendo? Por favor, me diga alguma coisa sobre o seu romance. E se eu gostar da ideia, talvez a transforme num conto para o *Post*, para ser publicado pouco antes do lança-

---

* *O grande Gatsby.*

mento de seu romance e roubar a cena. Quem é que vai fazê-lo? Bebé Daniels? Ela é espetacular!

Como foi o primeiro filme de Townsend? Boas críticas? O que Alec está fazendo? E Ludlow? E Bunny? Você leu o texto de Ernest Boyd sobre o que eu poderia chamar ironicamente de a nossa vida "privada" em *Portraits*? Você gostou? Pois eu gostei.

Scott

Estou completamente bêbado de novo e anexo um selo do correio.

Para John Peale Bishop

[Provavelmente janeiro
ou fevereiro de 1929]
% Guaranty Trust

Caro John:
Minha depressão devido à ruindade do romance* como romance tinha acabado de me abater quando comecei a ler a noveleta** — e, John, é como se fossem dois homens diferentes escrevendo. A noveleta é um dos melhores textos de guerra que já li, à altura das melhores produções de Crane e Bierce: inteligente, lindamente bem organizada e escrita. Ah, ela me comoveu e deleitou. A região de Charleston, a noite na cidade, a senhora idosa — mas, principalmente, na situação em que eu estava às quatro horas desta

---

* Um romance inédito de Bishop.
** *The Cellar*, conto de Bishop.

tarde, agoniado por causa do romance, o tratamento dramático realmente esplêndido dado à senhora, e também o episódio da prata e a cena da matança. A preparação desta última foi habilidosa, delicada e na medida exata.

Agora, para sermos práticos: tenho certeza de que a *Scribner's Magazine* vai publicar a noveleta, se você quiser, e vai lhe pagar de duzentos e cinquenta a quatrocentos por ela. Esse preço é um palpite, mas provavelmente correto. Eu teria todo o prazer em atuar, no caso, como seu agente amador. Sem um grande nome popular, é *quase impossível* vender uma história em duas partes para uma revista por mais do que isso, e posso dizer por minhas experiências com *O diamante do tamanho do Ritz*, *O menino rico* etc. Diga-me se devo ir em frente. É claro que a autorização se limita aos direitos seriais americanos.

O romance é apenas um texto com o qual você aprendeu e do qual se beneficiou. Ele tem arrancos aqui e ali, como muitas vezes as conversas de Brakespeare, mas é terrivelmente morno. Eu me contenho... Mas, melhor dizendo, não me contenho e vou expor aqui certos fatos dos quais você, sem dúvida, tem tanta consciência quanto eu. [...]*

Estou sendo duro com você, mas lembre-se de suas cartas para mim sobre *Gatsby*. Eu sofri, mas ganhei alguma coisa, como ganhei também com sua tutela amiga na área da poesia inglesa.

Uma pessoa grande pode criar uma bagunça muito maior do que uma pequena, e sua estatura impressiva transformou muita cerâmica em cacos durante os três anos e pouco em que trabalhou no livro. Por sorte, a cerâmica nunca lhe foi muito cara. Os romances não são escritos, ou pelo menos iniciados, com a intenção de construir um sistema filosófico definitivo — e

---

* Seguem-se várias páginas de crítica em detalhes do romance, que não podem interessar a ninguém além de mim. (J. P. B.)

com uma falta de humildade diante da forma você tentou expiar sua falta de confiança.

O importante é o seguinte: ninguém em nossa língua, com a possível exceção de Wilder, tem seu talento para "o mundo", sua cultura e agudez de crítica social, o que a história confirma. Nela, a abordagem (segunda e terceira pessoas etc.) reflete-se, inteiramente, na escolha do tema para seus talentos especiais: o poder de descrição, o senso de "*le pays*", as ramificações de suas virtudes especiais, como a lealdade, a ocultação da sensualidade, que é a sua *bête noire*, a tal ponto que você nem consegue mais vê-la negra, tal como eu em minha embriaguez.

Seja como for, a história é maravilhosa. Não fique zangado com esta carta. Estou sentindo os horrores esta noite, e talvez esteja descontando em você. Escreva-me dizendo quando poderei vê-lo aqui em Paris, de tarde, entre as duas e meia e as seis e meia, para conversarmos — e indique um dia e um café que lhe forem convenientes. Não tenho nada marcado, a não ser nos domingos, de modo que qualquer dia estará bem para mim. Enquanto isso, farei mais uma leitura de seu romance a fim de ver se consigo imaginar algum tipo de corte que, por milagre, possa torná-lo mais apresentável. No entanto, acredito que não há nele nem honra nem dinheiro para você.

Seu velho e sempre
afetuoso amigo
Scott

Desculpe o tom cristão desta carta. Comecei a beber na segunda página e agora estou realmente santificado (como o monge de Dostoiévski que não fede).

Francis Scott Fitzgerald (1896-1940) viveu, no auge de sua carreira, como seus personagens, abastados aristocratas nova-iorquinos. O casamento com Zelda Fitzgerald foi quase tão celebrado quanto seus romances, e sua escrita era considerada a crônica fiel da extravagante Era do Jazz. Estreou na literatura em 1920, com o romance *Este lado do paraíso,* e publicou, entre outros, *Tales of the jazz age* (1922), *All the sad young men* (1926), *O grande Gatsby* (1925) e *Suave é a noite* (1934). Postumamente foram publicados o romance inacabado *O último magnata* (1941) e *The crack-up* (1945), uma seleção de ensaios, notas e cartas editada por Edmund Wilson.

Ainda que tenha escolhido retratar a vida fácil dos endinheirados, ele pôs em toda a obra o próprio sentimento ambivalente sobre o "sonho americano". Os problemas com o alcoolismo e a degeneração mental de Zelda mais tarde o afastariam da literatura. Estava quase esquecido, trabalhando em Hollywood, quando sofreu um ataque do coração fatal em casa, em Los Angeles.

Dele, a Companhia das Letras publicou *O grande Gatsby* (2011), *24 contos de Scott Fitzgerald* (2004), reunidos e traduzidos por Ruy Castro, e *Querido Scott, Querida Zelda* (2005), coletânea da correspondência trocada pelo escritor e sua mulher.

ESTA OBRA FOI COMPOSTA POR OSMANE GARCIA FILHO EM
WARNOC E IMPRESSA PELA PROL EDITORA GRÁFICA EM OFSETE
SOBRE PAPEL PÓLEN SOFT DA SUZANO PAPEL E CELULOSE PARA
A EDITORA SCHWARCZ EM AGOSTO DE 2013